Alter*n*
kennt *k*eine Zeit

Gedanken
über Zeit und Zeitgelassenheit
in unserer Lebenswelt

Bibliografische Information der Deutschen Nationalbibliothek
Die Deutsche Nationalbibliothek verzeichnet diese Publikation
in der Deutschen Nationalbibliografie,
detaillierte bibliografische Daten sind im Internet
über http.//dnb.dnb.de abrufbar.

Text: © Hans-Jürgen Stöhr · 2022

Coverbild · Grafik: Arkady/Shutterstock.com

Foto-Innenseite
www.titania-foto.com/bilder/antike-uhr-ohne-zeiger

Herstellung und Verlag
BoD – Books on Demand, Norderstedt

ISBN 978- 3-7528-9969-6

Gewidmet all jenen,
die das Leben und Alter*n*
mit Zeitgelassenheit
betrachten wollen.

Alter*n* beginnt dort,
wo Zeit
zur schönsten Nebensache
des Lebens wird.

DANKSAGUNG

Zur Vorbereitung und Durchführung
der 3.. Rostocker Philosophischen Tage
„Alt werden · Jung bleiben!
Was ist uns das Altern wert?
standen mir engagierte Freunde aus
„Rostock philosophiert" zur Seite und
trugen wesentlich zum Gelingen der Tage bei.

Mein besonderer Dank
geht an Frau *Anke Schneider* aus Rostock,
die das Manuskript akribisch redigierte und
die Veröffentlichung dieses Buches unterstützte.

INHALT

VORWORT

Die Zeit für die 3. Rostocker Philosophischen Tage rückte näher, die bereits 2020 hätten stattfinden sollen und coronabedingt auch 2021. Die Hoffnung wuchs, dass sie nun 2022 durchgeführt werden.

Zugleich reifte der Gedanke, das erschienene Buch zu diesen Tagen[1] durch ein weiteres zu ergänzen. Es sollte in einem Extraband in besonderer Weise Altern und Zeit herausstellen. Das Zusammentragen bisheriger Manuskripte aus den bisherigen Veröffentlichungen, überarbeitet und vervollständigt durch jene, die als Redebeiträge die Zuhörerschaft fanden, veranschlagte in mir ein machbares Zeitbudget.

Je mehr ich mich in meine bisher gedachte und beschriebene Zeit-Lebens-Alterns-Welt hineindachte, wurde mir zusehends klar, dass das neuerliche Manuskript mit dem Fokus auf Altern und Zeit nicht einfach geschrieben ist. Einiges an Geschriebenem fühlte sich nicht gut an und ich musste mir eingestehen, dass sich die eine und andere Sicht auf Zeit verändert hatte.

Inzwischen gab es für mich gute Gründe, nicht nur den Zusammenhang von Zeit *und* Altern in einem Extraband zu publizieren, sondern meinem verändertem Verständnis von Zeit gerecht zu werden. So manche inhaltliche Korrektur in meinem Verständnis von Zeit und deren Betrachtung zu Leben und Altern war notwendig geworden.

Diese Herausstellung erachte ich insofern für wichtig, weil die neuerlichen Annahmen über Zeit den Blick auf das praktische Leben und Altern verändern. Mehr noch: Das hier aufgetragene Zeitver-

---

[1] Die 3. Philosophischen Tage standen unter dem Thema „Alt werden · Jung bleiben – Was ist uns das Alter*n* wert?" Vgl. Hans-Jürgen Stöhr: Alt wie ein Baum · Wenn das Altern uns zum Leben erweckt, BoD Norderstedt b. Hamburg 2021

ständnis im Kontext von Leben, Alltag und Altern verfolgen das Anliegen, unsere Zeitgedanken, den Umgang mit Zeit in unserer Lebenswirklichkeit, grundsätzlich zu hinterfragen und praktisch neu auszurichten.

Der Titel des Buches mag für Leser*innen einer Provokation gleichen. Ich gestehe: Er ist es auch – gewollt und initiiert. Wer kommt schon auf eine derartige Idee, Zeit aus dem Leben und Altern herauszulösen? Es kommt alltagsfremd daher, entbehrt jeder Alltagslogik und selbstgemachter Erfahrung mit der Zeit. Bei aller Modernität heutiger Lebensführung und Aufgeklärtheit ist nicht zu übersehen, wie Zeit allgegenwärtig unser Leben begründet und führt.

Es ist nicht nur das eigene mit dem Leben einhergehende Altern, das wir in den vielfältigsten Lebenssituationen in Zeit messen und in dem wir Fixpunkte setzen. Geburts- und Sterbeurkunden, Fahrpläne, Kalender, Öffnungszeiten von Geschäften, Termine und nicht zuletzt Uhren der vielfältigsten Art machen uns darauf aufmerksam, dass unser Leben zeitbestimmt ist. Alles geschieht in Zeit. Nichts geht ohne Zeit. Die früh bereits in Kinderjahren verinnerlichte Zeit trägt uns durch das ganze Leben. Sie wird zu unserer *Lebenszeit* und mit ihr verknüpfen wir das Altern. Zeit und Leben und mit ihr das Altern – nicht scheint sie aufzuhalten und voneinander zu trennen. Dabei kommt es uns nicht in den Sinn, das Leben und insbesondere das Alter und Älterwerden außerhalb von Zeit denken.

In diesem Band versteckt sich zugleich eine gehörige Portion Selbstkritik, die mich dazu veranlasst hat, das Thema Zeit in Bezug auf Leben und Alter*n* neuerlich aufzunehmen. Insofern zeigt sich in ihm ein Wandel, eine Differenzierung von Zeit in meinem Verständnis. Wenn dieser Funke bei den Leser*innen überspringen sollte, wäre es wohltuend, mit meinen Überlegungen nicht alleine zu sein.

Ich bin mir sehr wohl bewusst, dass der hier auf den Weg gebrachte Diskurs über Leben, Alter*n* und Zeit nicht ganz ohne *Widersprüchlichkeiten* daherkommt. Zeit aus Leben und Altern herauszulösen will nicht so recht gelingen, weil unser Alltagsleben in Bezug auf Zeit eine andere Sprache spricht. Wir können uns ein Leben ohne Zeit weder vorstellen noch sei es ohne sie erfolgreich zu bewerkstelligen. Das Dilemma des Menschen ist, einerseits über die Zeit zu befinden, über sie die Macht zu haben, und zum anderen sich ihr zu entledigen, weil sie in unserem Alltagsleben immer mehr als Last wahrgenommen wird und uns darüber hinaus mit dem Älterwerden und Altsein konfrontiert.

Den Leser*innen wird auffallen, dass sich in den Essays Gedankengänge wiederholen, was fehlende Stringenz und Redundanz vermuten lässt. Statt auf sie zu verzichten, fließen sie in Bezug auf Zeit wieder zusammen.

Das in allem Verbindende und Tragende ist die zu vermittelnde Botschaft: So sehr wir die Nähe zwischen Leben, Altern und Zeit finden und in einen Kontext philosophischer Betrachtung setzen, so sehr gewinnen wir an Einsicht, dass es das Leben mit seinen Ereignissen und Wandlungen selbst ist, das uns in allem trägt und bewegt – nicht die Zeit. Wir werden lernen müssen, dass Leben und Altern dort beginnen, wo der Mensch Zeit zur schönsten Nebensache erklärt hat. Es ist das Altern, das uns zum Leben erweckt und bewegt.

Es ist an der Zeit, ZEIT *bewusst* in den Hintergrund von Leben und Altern treten zu lassen und sich auf das Wesentliche zu konzentrieren: auf des Menschens LEBEN.

Rostock im April 2022

Das Leben ist lang,
wenn du es zu nutzen weißt.

Lucius Annaeus Seneca (1–65 n. Chr.)

EINLEITUNG · Begegnungen zwischen Leben, Alter*n* und Zeit

Alter*n*[2] ist eine Begegnung mit sich selbst. Doch welchen Platz nimmt unser Zeitverständnis ein, wenn wir über das Alter und Altern reflektieren. Je älter wir werden, desto offensichtlicher tritt uns Lebenszeit entgegen. Das Nachdenken über die verbleibende Lebenszeit wird immer prägnanter. Wir werden mit Alter*n* und Zeit, einschließlich unserer Lebenszeit konfrontiert. Sie drängen sich uns förmlich auf. An Zeit und Altern ist in uns, mit unserem Leben kein Vorbeikommen. Wir haben uns ihnen zu stellen. – Doch auf welcher Grundlage und wie?

Das philosophische Denken über *Altern und Zeit* reicht weit bis in die Antike hinein. Hierzu ließen sich vielfältige Texte und Aussagen zusammentragen.[3] Das hat sich bis heute nicht verändert. Die Altersforschung ist derart fortgeschritten, dass von einem Paradigmenwechsel auszugehen ist.[4] Der Diskurs über die Zeit und unser Ver-

---

[2] Den Lesenden wird im Untertitel des Buches aufgefallen sein, dass das „Alter*n*" in den meisten Fällen mit einem kursiv gedruckten „*n*" geschrieben wurde. Damit wird zum Ausdruck gebracht, dass inhaltlich sowohl vom Alter (als Lebenszeitstatus) als auch vom Alter*n* (als prozessierendes Leben in Veränderung) die Rede ist. Das Altern ohne ein kursiv gedrucktes „*n*" drückt das Älterwerden als Prozess eines Jahr für Jahr fortschreitenden Alters aus.

[3] Vgl. u. a. O. Höffe: Die hohe Kunst des Alterns. Kleine Philosophie des guten Lebens, C. H. Beck, München 2018; Th. Rentsch und M. Vollmann; Hrsg.: Das gute Leben im Alter. Die philosophischen Grundlagen, Reclam, Stuttgart, 2017

[4] Vgl. D. A. Sinclair: Das Ende des Altens. Die revolutionäre Medizin von morgen, DuMont Buchverlag Köln 2019

ständnis in der Postmoderne ist nicht ohne Grund aktueller denn je.[5]

Alter*n* und Zeit bringen wir unmittelbar in Verbindung. Wir haben keine Zweifel, dass sie nicht zusammengehören. Während wir mit dem Leben an das Verfügbare denken, erscheint uns das Altern und mit ihm die Zeit als etwas Unverfügbares. Die innere Zerrissenheit, die Widersprüchlichkeit von Leben und Altern im Kontext von Zeit machen uns nachdenklich. Wir wollen Leben, Altern und Zeit alltagsgerecht verorten, doch so richtig gelingt es uns nicht.

Wir sind erfinderisch genug, das Leben vom Altern und das Altern von Zeit herauslösen zu wollen, um so, Jahr für Jahr an Geburtstagen erinnert, der gezählten Lebenszeit zu entrinnen.

Lässt sich aus allem ein Ausweg finden, der uns die Möglichkeit gibt, die Unverfügbarkeit von Zeit neuerlich zu denken, so dass wir uns von ihr nicht derart beherrschen lassen und unsere Lebensqualität darunter leidet?

Da das Altern in Lebenszeit eingebettet ist, ist ein aufklärendes Verständnis von Leben und noch dringlicher eines über das Alter*n* erforderlich, bevor sie im Zusammenschluss zu tragfähigen Aussagen kommen.

Alle nachstehenden Überlegungen in den einzelnen Essays vermitteln eine zentrale Botschaft, die heißt:

*Ein Leben und insbesondere das Altern außerhalb von Zeit zu denken, ohne sie gänzlich als begleitendes Phänomen auszuklammern und zu ignorieren, ist mehr denn je ein Gebot unserer postmodernen Lebensweise. Zeit ist ein in unser Leben hineingetragenes Konstrukt von Gesellschaft und Technikentwicklung. Der Mensch braucht für **sein** gutes Leben keine Zeit. Lebensqualität ist von Zeit*

---

[5] Vgl. R. Safranski: Zeit. Was sie mit uns macht und was wir daraus machen, Carl Hanser Verlag, München 2015

frei und ungebunden. Das gilt gleichermaßen für das Altern. Altern lebt sich gut ohne Zeit. Es braucht keine Zeit. Das Altern lebt im Leben und es ist zeitungebunden.

Einerseits sind wir stolz auf das in Jahren gut gelebte Leben; andererseits initiieren wir Lebenszeitvergessenheit und sagen uns tröstend: „Ich bin so alt, wie ich mich fühle!" Das ist ein ehrenwerter Anstoß, sich aus der Umklammerung der Zeit zu befreien, Altern und Zeit voneinander zu lösen.

Alter*n* ist Eigenschaft *und* Qualitätsmerkmal unseres Lebens. Das Leben altert, und im Altern leben wir. Es lässt sich auch sagen: Mit dem Leben verleben wir es durch Altern, gemessen und zeitlich getaktet in Jahrzehnten, Jahren, Monaten oder auch nur in Tagen.

Alter*n* ist *eine* signifikante Symptomatik des Lebens. Es ist Lebensbild und -maß von besonderer Eigenart, die wir für selbstverständlich halten, weil wir unsere Lebenszeit, unser Fühlen, Denken und Handeln nach ihnen ausgerichtet haben.

Fragen wir nach deren Verfügbarkeit, werden wir nachdenklich und auf unser All-Ursprüngliches zurückgeworfen: Was ist Leben? Was ist bzw. was heißt Alter*n*? Was hat das eine mit dem anderen zu tun? Sind Leben und Altern untrennbar in der Sache *und* im Denken unumkehrbar miteinander verbunden oder hat der Mensch die Möglichkeit, diesen Zusammenhang aufzulösen? Mehr noch: Lässt sich unser Leben und mit ihm das Altern auch ohne Zeit denken und von allen Zeitsichten befreien?

Wenn wir diesen Fragen *Raum und Zeit* für eine zufriedenstellende Antwort schenken, welchen Wert gewinnen wir?

Es fällt unsereinem schwer, sich für diese Fragen zu öffnen und auf eine Antwortsuche zu gehen, weil unsere Erfahrung mit der Zeit wie in Stein gemeißelt und unumstößlich in unserem Denken verankert ist.

Zeit gilt als Existenzform nicht nur unseres Lebens, sondern der Wirklichkeit überhaupt. Sie ist in dieser Eigenschaft das *allzeit* Gegebene. Sie ist für uns erfahrungsgemäß das Maß aller Lebensdinge. Wir stehen mit der Zeit auf und gehen mit ihr zu Bett. Jeder Zweifel ist erhaben, den Gedanken zuzulassen, unsere Lebenswelt sei zeitlos und unser Tun von Zeit freigestellt.

Spätestens mit der sich durchsetzenden Mechanisierung und Industrialisierung unserer Gesellschaft hat der Mensch dafür Sorge getragen, dass ZEIT mit dem technischen Fortschritt zu einer verbindlichen Lebensdeterminante geworden ist.[6]

Der Zugriff auf die Zeit, sie mittels Technik beherrschen zu wollen und zu können, führte den Menschen zu einer Zeitverinnerlichung, die uns bis heute in alle Bereiche seines Lebens trägt.

Wie ist die Verfügbarkeit und Unverfügbarkeit von Zeit zu verorten? Einerseits verhalten wir uns so, als wenn wir jederzeit Zugriff auf sie hätten. Andererseits machen wir die Erfahrung, dass sie ein wertvolles, kein frei verfügbares Gut ist, wenn wir an unsere Lebenszeit denken. Nichtsdestotrotz versuchen wir es, über mentale und technische Mittel einen Zugriff auf die Zeit zu erhalten.

Die Frage nach der Verfügbarkeit und Unverfügbarkeit von Zeit im Leben ist eine der Grundfragen menschlichen Zeitverständnisses. Die Deutungsmacht ist nicht schlüssig und tritt uns ambiguen gegenüber.

---

[6] Die Erfindung der Zeitmaschine in Gestalt eines Räderwerkes in der Mitte des 18. Jahrhunderts revolutionierte das Zeitverständnis. Die gewachsene Perfektion in der Teilbarkeit von Zeit machte sie berechenbarer; und mit der Berechenbarkeit von Zeit stieg deren Verfügbarkeit. Zeit wurde mit dem technischen Fortschritt beherrschbarer und unterlag immer mehr der Kontrolle des Menschen. ZEIT etablierte sich zur Ware.

Der Blick auf die Zeit verbessert sich nicht, wenn wir auf deren Wirkungsmacht zu sprechen kommen. Gehen wir dieser näher nach, werden wir mit ihr ein Mensch-Zeit-Dilemma aufdecken, das uns in unserem Leben begleitet. Die Frage, die sich in diesem Zusammenhang stellt, ist, ob sich dieses Dilemma mental wie praktisch auflösen lässt.

Zeit ist in unserem alltäglichen Leben derart präsent, dass wir einerseits das Gefühl verspüren, von ihr überrannt, beherrscht, kontrolliert zu werden. Wir sind weit entfernt und stellen ihre Wirkungsmacht nicht in Frage. Wir ordnen uns dieser Zeitherrschaft unter. Sie ist zugleich so allgegenwärtig, dass wir sie gar nicht wahrnehmen (wollen). Dabei bleiben Versuche nicht aus, sie aus unserem Leben zu drängen oder mit kreativen Einfällen auszutricksen, um so dem gefühlten Zeitdiktat zu entrinnen.

Der Mensch betreibt einerseits eigene technikgestützte, lebenspraktische und ökonomische Machtspiele mit der Zeit und zugleich wird er von der Zeit bespielt, bemächtigt.

Der Begriff ZEIT gehörte über Jahrhunderte zu jenen Diskursen, die in der Metaphysik und Philosophie einen festen Platz einnahmen. Selbst in der heutigen Philosophie – angesichts der Schnelllebigkeit unseres gesellschaftlichen Lebens, vorangetrieben durch Globalisierung und Digitalisierung – ist der Zeitdiskurs nicht abgeebbt. Mit jedem neuen Anstoß, über Zeit nachzudenken, werden wir neuerlich auf deren Urfragen des philosophischen Zeitdiskurses aufmerksam gemacht. Das geschieht in der Hoffnung, eine Denkererweiterung zu erhalten, die uns hilft, das Verstehen und den praktischen Umgang mit der Zeit zu verbessern.

Es bleiben die Fragen: Was ist Zeit? Wie erfahren wir sie? Wie nehmen wir sie wahr und wie gehen wir mit ihr um? Ist Zeit eine menschliche Denkkreation, mit deren Hilfe der Mensch zur besseren, optimalen, effizienten Lebensbewältigung gelangen will? Oder ist Zeit eine Eigenschaft – objektiv-real, das heißt unabhängig vom Menschen und dessen Willen und außerhalb des menschlichen Bewusstseins existent.

In der Ideengeschichte über Zeit fallen die Antworten sehr unterschiedlich aus. Hierzu leistet dieser Band keine grundlegende Ergänzung. Jedoch kann der kritische Blick auf das *eigene* Selbstverständnis von Zeit mit dem vorliegenden Essay hilfreich sein.

Zwischen Leben und Zeit eingefasst, offenbart sich das, was wir Alter und Altern nennen. Alter und Altern werden zum Symbol- und Symptomträger für Zeit und Leben. Wir haben das Altern mit der Lebenszeit und in unserem Lebensalltag verinnerlicht. Altern ist genauso präsent wie das Leben selbst, weil Lebenszeit mit Altern einhergeht.

Angesichts der wachsenden *Veralterung und Entjüngung* der Menschen in der postmodernen Gesellschaft, ist es allzu verständlich, dass Alter und Alter*n* des Menschen mehr denn je ins Zentrum unserer Wahrnehmung und des wissenschaftlichen Diskurses gerückt. Der *demografische Wandel*, der stetige Zuwachs an Menschen mit zunehmender Lebenserwartung, die Wirkungen auf die gesellschaftliche Entwicklung und das Alltagsleben schärften den Fokus einzelner Wissenschaften wie Soziologie, Psychologie, Altersforschung in der Medizin und auch Philosophie, sich dieser Problematik mit unterschiedlichen Diskursschwerpunkten anzunehmen.

Kein Begriff bindet Leben und Zeit so sehr wie der des Alter*n*s. Er saugt förmlich beide in sich auf. Doch was ist unter Alter *und* Altern zu verstehen? Was ist und was bedeutet es, älter zu werden und schließlich alt zu sein? Lässt sich das Altern beeinflussen oder gar umgehen? Hat das Alter*n* einen Wert und macht es Sinn, alt zu *werden*?

Alter und Altern sind im Hegelschen Sinne in Leben und Zeit *aufgehoben*: bewahrt, verändert, entwickelt. Zeit und Leben fließen in Gestalt von Alter und Altern zusammen. Sie wieder in Leben und Zeit zurückzuführen und aufzulösen, eröffnet uns eine neuerliche Zeit- und Lebensperspektive, die uns erlaubt, nicht nur das Altern, sondern auch das Leben selbst mit anderen Augen zu betrachten, sich dem Mensch-Zeit-Wirkungsmacht-Dilemma zu nähern und dem Altern den Schrecken zu nehmen.

Der Essay-Band unternimmt den Versuch, Alter und Altern, Leben und Zeit in *einem* Diskurs zu führen und zwischen ihnen einen wechselseitigen Blick auf den Zusammenhang und das gegenseitige Aufheben (Aufgehen) herzustellen. Zeit und Leben, Alter und Altern werden in den Texten für sich betrachtet *und* zugleich zueinander in Beziehung gesetzt, weil sie untrennbar miteinander verbunden sind.

Die einzelnen Essays zeichnen sich darin aus, sie zum einen als eigenständige Lebens-Altern-Themen zu denken und zum anderen sie wieder im Band zusammenzuführen, wobei Zeit die verbindende Klammer ist. Es wird in ihnen der gedankliche Grundstein für ein zutiefst philosophisch annäherndes Verständnis über das Leben gelegt, das Zeit und Altern in sich aufnimmt und eine Verbindung zwischen ihnen, zwischen Lebenszeit und Altern im Leben herstellt.

Die Lebenszeit avanciert sich als Reisezeit und gibt dem Lebenszeitverständnis einen weiteren Impuls im Diskurs über Leben und Zeit. Der kleine Ausflug über die Zeit im Märchen zeugt von kulturgeschichtlich überlieferter Zeitbetrachtung.

Der Epilog über Schnelllebigkeit und Zeitresonanz in der Spätmoderne rundet das Lebenszeitbild ab.

Wir verlangen, das Leben müsse einen Sinn haben – aber es hat nur ganz genau so viel Sinn, als wir selber ihm zu geben imstande sind.

Hermann Hesse (1877–1962)

GUTES LEBEN UND ZEITVERGESSENHEIT

Es mag wie ein Paukenschlag in einer beginnenden Sinfonie erklingen: Das Leben ist, wie es ist. Es ist da, nicht mehr und auch nicht weniger. Es ist weder gut noch ungut, weder schlecht noch böse, weder moralisch noch unmoralisch. Ganz einfach – es *ist*.

In diesem Sinne hat das Leben keinen Wert; es ist also wertfrei, frei von jeder Moral. Es besteht in seinem Dasein und nimmt einen Platz zwischen Raum und Zeit ein. Es bewegt sich in seinem Sein zwischen Werden und Vergehen, Zeugung und Tod. Das Leben *lebt*.

In der Zeit seiner Existenz verfügt es über sich selbst. Diese wertfreie Lebensbestimmtheit begründet sich ausschließlich in ihrer natürlichen Daseinsweise. Das Leben des Menschen steht für den *bewegten* Menschen, der sich in Raum und Zeit verändert.

Und dennoch ist das Leben *nicht* wertlos. Es versteht sich als Wert in dem Moment, wo der Mensch beginnt, bewusst über sein Leben zu verfügen, sich seiner Gestaltungsmacht anzunehmen, die das Leben innehat. Der Mensch beginnt, *sein* eigenes Leben zu leben.

Mit dem Bewusstsein der Verfügbarkeit über das eigene Leben, es selbst in die Hand zu nehmen und gestalten zu können, stellt sich die Frage nach dessen Sinn und Bedeutung. Da wir unser Leben mit aller Alltäglichkeit in Raum und Zeit wahrnehmen, ist das Nachdenken des Lebens im Zusammenhang mit Zeit naheliegend. Zeit wird zum Rahmen des Lebens. Wir sprechen von **Lebenszeit**. Wir messen Leben in Zeit, geben ihm einen temporären Rahmen. Die Verbundenheit von Zeit und Leben ist nicht in Frage gestellt. Uns kommt nicht in den Sinn, Zeit aus dem Leben wegzudenken, ein Leben zu führen, aus dem wir das Zeitliche herauslösen und versuchen, ein so genanntes zeitloses Leben zu führen.

Haben wir den Mut und verlassen die uns gewohnte Denk-Komfortzone, in der Zeit und Leben unwiderruflich als verbunden angesehen werden. Lassen wir uns auf ungewohnte Fragen ein: Was meinen wir, wenn wir von Lebenszeit bzw. Zeit des Lebens sprechen? Was bedeutet es, wenn wir Zeit aus unserem Lebensverständnis abkoppeln und für eine Lebenssicht ohne Zeit plädieren? Welche Konsequenzen würden sich daraus ableiten? Wird das Leben dadurch zeitlos oder eröffnen wir uns eine Lebenswahrnehmung, die uns eine neue Lebensdenk- und -handlungsperspektive eröffnet?

Nicht weniger interessant sind jene Fragen, die das *gute* Leben und dieses im Zusammenhang mit Zeit ansprechen: Was ist unter einem guten Leben zu verstehen? Ist ein Leben nur dann gut, wenn wir ihm einen zeitlich-strukturierten Rahmen geben? Lässt sich ein gutes Leben auch dann leben, wenn wir es *außerhalb* jedes Zeitgeschehens betrachten?

Hier werden wir auf die Qualität des Lebens aufmerksam gemacht. Die Verbindung zwischen Leben, Zeit und Güte drängt sich auf.

Das menschliche **Leben** ist eine an Körper, Geist und Seele gebundene Eigenschaft des Menschen. Als solche ist sie fest mit ihm verknüpft. Das Leben wird jedoch erst in dem Moment für den Menschen von Bedeutung und sinnstiftend, wenn er es über sein Tun begreift und mit seinem werdenden Bewusstsein sein Denken und Handeln als *sein* Leben annimmt. Damit überwindet der Mensch sein Leben als einfaches, natürliches, existenzielles *Über*-Leben und wächst über dieses *Über*-Leben hinaus. Er verschafft sich über sein Wirken den Zugang, sein Leben als ein *Er*-Leben zu begreifen und als solches gestalten zu können.

Menschliches Leben heißt also Denken, Entscheiden, Handeln. Es bedeutet Tätigsein und trägt einen bewussten, *er*lebbaren Gestaltungscharakter.

Der Wert des Lebens ist nicht in seinem Dasein begründet, sondern im Handeln des Menschen selbst. Das Leben tritt aus seiner schlichten Existenz heraus, wenn der Mensch es vermag, sein Leben in ein *Er*leben zu verwandeln.

In allem zeigt sich mit dem Erleben des Lebens seine Wirkungsmacht, in der Zeit sich als bedeutungslos erweist. Der Sinn des Lebens braucht keine Zeit. Der Wert des Lebens ist in sich selbst und zeitlos begründet, weil das Leben ausschließlich für sich in seinem Sein und vor allem Werden spricht.

Diese Botschaft ist, das Leben von der Zeit zu lösen und sich auf das Leben selbst zu besinnen. Warum, weil es einen Eigenwert besitzt und nicht erst einen Wert erhält, wenn wir es der Zeit zu- oder gar unterordnen und unser Leben in unserem Denken und Handeln durch eine „Zeitbrille" verklärt wird.[7]

Das Leben ist wert, *gelebt* zu werden, was so viel heißt wie: Fülle dein Leben mit Leben! Übernimm Verantwortung für das dir geschenkte Leben! Mache aus dem Leben ein *Er*leben! Mache mit und aus ihm etwas Gutes!

Den Sinn des Lebens ist einzig und allein darin auszumachen, für das geschenkte Leben so früh wie möglich selbst Verantwortung zu

---

[7] In den nachfolgenden Essays wird auf diesen Gedankengang erweitert und vertiefend eingegangen.

übernehmen, was bedeutet, den Menschen frühzeitig zur Verantwortungsübernahme zu befähigen. Mit dieser Verantwortungsübernahme sind alle Lebensumstände eingeschlossen, die das Leben bereithält. Das betrifft auch das eigene Kranksein und Sterben.

Mit unserem Handeln „veredeln" wir das Leben; geben ihm seine persönlichkeitsbestimmte Wertigkeit. Wir geben mit unserem Denken und Handeln dem Leben eine Sinnbestimmtheit. – Doch welche? Sind wir verpflichtet, ein sinnvolles Leben zu führen? Stehen wir in Eigenverantwortung, ein gutes, gelingendes, erfolgreiches, schönes bzw. glückliches Leben zu führen, nur weil uns das Leben *ungewollt* geschenkt wurde?

Die meisten von uns nehmen diese Verantwortung selbstbestimmt wahr. Sie sehen den Sinn des Lebens darin, ein Leben zu leben, das im Ergebnis als gut, erfüllt, gelungen, erfolgreich schön" oder glücklich wahrgenommen wird.

Was ist das Gute im bzw. des Lebens? Wofür steht gut, wenn wir von einem **guten** Leben sprechen? Wer bestimmt, was *gut* ist?

Mit dem Guten erfassen wir das allgemein Verständliche. Es steht für den alltäglichen Sprachgebrauch des Guten als Inbegriff, als Gesamtheit dessen, was wir im Leben als erstrebenswert ansehen. Es ist das Gute, das wir über unser Handeln erreichen. Es zeigt sich als gelingend, erfolgreich, erfüllt, glücklich oder auch zufrieden. Es sind Charakterisierungen, die sich unter das „gute Leben" subsumieren lassen. Jede Eigenschaft erfüllt in unserem Alltagsverständnis ihre Besonderheit:

Erfolgreich steht für Erreichtes, Erzieltes im Leben. Es ist alles erreicht – mit positiven Folgen. Es ist gelungen.

Als *gelingend* bestimmen wir das Leben in seinem erfolgversprechenden Werden. Das Leben, bestimmte Lebensabschnitte oder auch

Abschlüsse finden mit ihnen ihren Erfolg. Gelingend steht für tüchtig, geeignet, nützlich, erreicht.

Erfüllt soll das gelebte Leben insofern sein, als damit erfahrene Lebens-Fülle zum Ausdruck gebracht wird. Diese Fülle des Lebens kann qualitativ verschieden und quantitativ umfänglich, reichlich oder auch intensiv sein, was das erreichte oder auch gelebte Leben deutlich macht. Es kann heißen: Alles ist gut, weil es sich als genug, gelungen bzw. erfolgreich erweist, weil es ein Leben voller Sinn und Glück oder auch vieler Güter – sei es an Fülle von Dingen, Erlebnissen oder Gedanken – ist.

Wird ein Leben als *glücklich* bezeichnet, so liegt das Gute darin, dass das Leben sich positiv anfühlt und zutiefst als zufrieden betrachtet wird. Es macht in besonderer Weise die Emotionalität unseres Lebens – des *Er*-Lebens – deutlich.

Eine zweite Sicht auf das Gute im Leben zielt auf die begriffliche Differenzierung des Guten. Vier Merkmale des Guten lassen sich herausstellen:

Erstens. Das Leben ist ein Leben mit Gütern. Es ist ein Leben des Schaffens und Besitzens von Dingen, die für das eigene Leben wichtig sind und das Leben lebenswert machen. Es ist das Haben und weniger das menschliche Sein im Leben, was das Leben *gut* macht. Dieses Haben sind Güter materieller wie ideeller Natur.

Es sei in diesem Zusammenhang angemerkt, dass nicht wenige Menschen – und heute mehr denn je –, und zwar in beiderlei Richtung das Leben auf das Dingliche, auf das Leben mit materiellen Gütern reduzieren. Das trifft sowohl für jene zu, die in ihrem Leben das Besitzen von Gegenständlichem auf ein Minimum zurückführen, auf vieles oder auf fast alles verzichten, als auch auf jene, die ihren Lebenssinn in der Anhäufung von Gegenständlichem sehen. In beiden Richtungen, das Leben entweder in seiner Mini- oder Maximalisierung an Dinglichem zu leben, wird dieses Leben zum Maß der Dinge, über das sich das Leben definiert.

Zu diesen Gütern eines guten Lebens zählen auch das Fühlen, Denken und Handeln, was uns das menschliche Leben als Gabe mitgegeben hat. Es sind unsere Erfahrungen und Entscheidungsfähigkeiten, aber auch unsere Gefühle, das Selbstwertgefühl, unsere Selbstwirksamkeit, Fähigkeit zur Resilienz und Resonanz.

Das gute Leben ist zweitens ein Leben mit Güte. Dieses Gute in Gestalt der Güte zielt auf die Qualität des Lebens, die das Leben lebenswert und wertvoll macht. Es ist das Gute des Lebens, sich des eigenen Lebens zu erfreuen, dankbar zu sein, das Leben als Leben zu erleben bzw. zu genießen. Das Leben mit Güte zeigt sich als ein Leben in Zufriedenheit, die das Eins-Sein mit sich und der Lebenswelt innehat. Es ist ein Leben, das sich in Freundlichkeit zeigt und menschliche Güte in uns und für andere hervorbringt. Sie erzeugt in uns eine Magie, die unser Leben im wahrsten Sinne des Wortes verzaubern lässt, uns das Sich-Wundern in unserem alltäglichen Leben ermöglicht, ohne die Zeit im Blick zu haben. Sie verführt uns zu einer emotionsreichen Zeitvergessenheit.

Das lässt drittens zu, das Leben als ein Leben in Güte zu verstehen. Das an Mitmenschlichkeit bestimmte, an Verbundenheit und Offenheit geknüpfte Leben ist die Güte, die uns erlaubt, menschliche Zuwendung für andere und für sich zu schenken, ein Leben in Achtsamkeit und Gelassenheit zu führen. Es ist ein Gut-Sein sowohl zu sich selbst als auch gegenüber anderen. Es ist die in uns wohnende Güte, die uns erlaubt, etwas Gutes zu tun, ohne auf die Zeit zu achten. Das gibt uns die Gewähr, das Leben sowohl *in* als auch *mit Güte* führen zu können, die uns den zwischenmenschlichen Resonanzboden liefern, den wir in Gestalt von Erfahrung, Feedback, Anerkennung, Wertschätzung oder aktivem Zuhören wiederfinden.

Und es ist *viertens ein Leben im Guten* – ein Leben im gegenseitigen Einvernehmen, mit Achtung und im respektvollen Umgang miteinander. Das Leben im Guten trägt auch das Unterschiedliche, das Gegensätzliche des menschlichen Lebens in sich, das uns manchmal zur Verzweiflung bringt und oft schwer auszuhalten ist, weil das Leben sich in seiner Widersprüchlichkeit zeigt und vielfach nicht auflösen lässt. Es fordert dann von uns auch die Güte im Umgang mit dem Unverfügbaren in unserem Leben, der Zeit, die mit dem Leben einhergeht und sich nicht einfach verbannen lässt.

Es sind die Schicksalsschläge, Unfälle und unheilbaren Krankheiten, die uns nicht selten an die Lebenszeitgrenze führen. Es ist der Tod, der neben der Geburt die Lebenszeit markiert und sich in unserem Denken verfestigt. Warum eigentlich?

Alle vier Aspekte des guten Lebens – jeder einzelne in seiner qualitativen Besonderheit und Ausrichtung – ermöglichen uns eine wohlwollend individuell, kollektiv wie gesellschaftlich gestaltbare „Gute-Lebens-Kultur".[8] Doch wie ist die oben angesprochene Zeitvergessenheit im Zusammenhang mit dem guten Leben einzuordnen?

Gelebtes Altern. Kann das Gute, das für das Leben gilt, auch gut für das Alter*n* sein? Wie schlagen sich vier Seiten des Guten in ihm nieder? Wie fühlt sich gut gelebtes Altern an?

---

[8] Im Buch Scheitern als Grenzgang wird zugleich auf eine dritte Betrachtungsebene des Guten im Leben aufmerksam gemacht und auf deren Darstellung verzichtet, weil es in diesem Buchtext keine Relevanz hat. Es spricht mit dem Guten des Lebens gleichermaßen das so genannte Schlechte und Böse wie auch das Scheitern im Leben an. A.a. O. S. 25 ff.

24

Wenn das Altern essenziell zum Leben gehört und das Leben sich in den vier o. g. Seiten des Gutseins abbilden lässt, wird auch das Altern von Gutem getragen.

Es ist das Altern sowohl mit Gütern und Güte als auch in Güte und im Guten. Wie lässt sich gutes Altern differenziert beschreiben?

Altern mit Gütern. Im Laufe unseres Lebens sind nicht nur unsere Erfahrungen und Lebensweisheiten gewachsen, sondern es haben sich in dieser Zeit auch materielle Dinge angehäuft. So fragen wir uns manches Mal, ob wir das alles noch brauchen und gebrauchen. Die Anhäufung der Güter – und wir merken es selbst – kann zu einer späten Alternslast werden. In all diesen Dingen stecken Lebenszeit, Energie und gewandeltes, vergegenständlichtes Geld. Wehmut tritt ein, wenn es heißt, aus welchen Gründen auch immer, sich von dem einen oder anderen zu trennen.

Es scheint zu unserem fortgeschrittenen Leben dazu zu gehören, zu gegebener Zeit anzufangen, uns von Gegenständlichem zu trennen. Es ist nicht unbedingt die gegenwärtige Corona-Zeit, die viele veranlasste, im Keller, auf dem Boden oder im Kleiderschrank aufzuräumen und Ungebrauchtes zu entsorgen. Es ist auch nicht der Rentenbeginn, der uns dazu bewegt, uns von Dingen zu verabschieden, weil sie ihre alltägliche, lebenspraktische Bedeutung verloren haben. Es ist der natürliche, mit dem Altern verbundene Drang, von Dingen Abschied zu nehmen. Es ist die abschließende Lebensphase des Aufarbeitens, die mit dem achten oder auch späteren Lebensjahrzent einsetzt und uns dazu bewegt, von Gütern loszulassen, aber auch Wertvolles, Liebgewonnenes zu bewahren. Es sind Fotoalben, Briefe oder andere Erinnerungsstücke, die an Lebenszeit, gelebtes Leben erinnern. Derartige Güter erfahren in der Bedeutung eine Umbewertung.

Die Güter im älterwerdenden Leben erfahren in der Bedeutung eine Umbewertung. Es zählen mit zunehmendem Alter ideelle Güter, die wir in uns tragen und in die Gegenwart holen. Vergangenes wird gegenwärtig. Die Zeit der Gegenwart verliert durch das Hereinholen des bisher Gelebten ihren Schrecken. Das Altern führt uns mit den Lebensjahren zu einem Güterwandel.

Das Gute an dieser Güterumwandlung ist: Die Konzentration auf uns selbst wächst. Das Leben wird auf diesem Wege auf sich selbst zurückgeworfen. Das Altern im Leben offenbart seinen Eigenwert und den tiefen Sinn des Selbstseins.

Altern mit Güte. Die Minimierung des Materiellen und die Zuwendung auf das Mehr an Geistig-Spirituellem ist nicht nur schlechthin ein Lebenswandel und eine Umbewertung des Lebens. Mit Güte zeigt sich ein gutes Leben im Altgewordensein, das auf dessen Qualität zielt. Es geht um ein Altwerden, das so beschaffen ist, dass auch das späte Leben mit Genuss und Freude wahrgenommen werden kann. Es geht darum, sich bewusst zu machen, dass die Begrenztheit, die körperlichen und ggf. auch kognitiven Einschränkungen die Lebensqualität mindern werden. Sich dennoch die Lust auf das Leben bis ins hohe Alter zu erhalten, es jeden Tag *er*lebbar zu machen, sollte der Qualitätsanspruch für ein alterndes Leben mit Güte sein.

Sicherlich ist diese Güte als Ausrichtung von Qualität im hohen Alter sehr differenziert und individuell zu bestimmen. Die Eigenverantwortung und Selbstbestimmung hören hier nicht auf. Der gealterte Mensch ist stolz auf das eigens geführte Leben. Es gibt keinen Grund, sich hinter diesem Leben zu verstecken.

Das Erwachsengewordensein im Laufe des Lebens trägt wesentlich dazu bei, Güte im Alter walten zu lassen. Der Drang, das eigene

Leben im gewachsenen Alter so weit wie möglich selbst zu bestimmen, das Pflegeheim als den letzten Ort des Lebens nach Möglichkeit auszulassen, ist deshalb allzu verständlich.

Das Gute im Altern ist, dass uns die Magie des Lebens erhalten bleibt und nicht mit dem Altern schwindet. Sie versprüht Sinnlichkeit und erhält unsere Neugierde, die uns zum Wert des Lebens führt, der in ihm sinnstiftend angelegt ist. Solange dies nicht in Vergessenheit gerät, ist die Chance gegeben, nicht nur auf die Güte des Lebens, sondern ebenso und besonders auf die Güte des Alterns zu achten und für sie zu sorgen.

Altern in Güte. Güte steht hier vor allem, mit sich in Resonanz zu sein. Es ist Verbundenheit und Offenheit zu sich selbst, der Annahme und eigenen menschlichen Zuwendung, die das eigenen Altern erhaben macht. Das Altern in Güte bedeutet Nachsicht mit sich und den anderen, die teilhatten am gealterten Leben.

Nicht selten war man mit sich und der Lebenswelt uneins. Schmerzen und Leid haben das Leben begleitet. Wir haben emotionale Verletzungen erfahren, uns selbst und anderen zugefügt und wissen spätestens jetzt, dass sie zu unserer Lebenswirklichkeit gehören.

Entschuldigungen, Verzeihungen, Versöhnungen oder Vergebungen gingen nicht immer leicht über unsere Lippen. Doch im gewordenen Alter, mit nahendem Lebensende ist es von Güte, dies in Güte zu tun. Dieses Gute heißt Loslassen. Es ist ein Gutsein-Lassen. Wir können es, weil das Altgewordensein von einer Altersmilde getragen wird. Wo steckt letztlich mehr Güte als im gealterten Leben?

Der gealterte Mensch entlässt seine Güte aus einem zuvor „streng" geführten Leben. Es ist das Versöhnen mit sich selbst, sich selbst im hohen Alter zu achten und wertzuschätzen.

Altern im Guten. Ein gealtertes Leben in Güte führt uns zu einem Im-Guten. Dieses Gute vollendet sich auf diese Weise, weil der gealterte Mensch seinen Frieden mit dem Altgewordensein schließt. Kein Hadern, keine Wehmut – es ist der abschließende Gang eines sich in Vollendung zeigenden Lebens. Es ist ein mit uns selbst abgeschlossener Vertrag, der das Leben mit dem Altgewordensein beschließt. Es ist die Annahme – die abschließende Phase einer Katharsis[9] – und Vorbereitung auf das, was für ein Leben noch bleibt, wozu und was der alte Mensch bereit ist, seiner Nachwelt zu überlassen. Dieser Nachlass ist das gebliebene Lebenswerk, das der Mensch selbstfürsorglich, im eigenen und im Interesse anderer zurücklässt. Was am Ende bleibt, ist: im Guten gehen zu können und auch zu wollen.

Das ist ein höchst persönliches Geschenk an sich selbst und in Wertschätzung zurückgebliebener Menschen, im Guten in Erinnerung zu bleiben.

Das Gute am Altern ist: Es offenbart die menschliche Reife. Das Gereiftsein zeigt uns das Gewordensein menschlichen Lebens. Wir haben unsere Wandlungsfähigkeit erfahren. Wir konnten mit ihm die Anwandlungen unseres Lebens verinnerlichen und in unseren Erinnerungen ablegen. Wir haben nur so von der Wahrhaftigkeit und dem Wesen menschlichen und anderen Lebens erfahren. Das Gute am Altern ist, dass wir nur mit ihm wirksam werden können. Das Altern trägt *die* Gestaltungskraft, mit der das Leben seinen Ausdruck

---

[9] Als Katharsis wird in der Psychologie der innere geistig-emotionale Weg verstanden, den ein Mensch zwecks Klärung einer erfahrenen, oft schmerzlichen, lebensbedrohlichen Situation geht. Hinsichtlich eines Sterbeprozesses, wie von Elisabeth Kübler Ross (1926–2004) beschrieben, werden i. d. R. fünf Phasen des Weges beschrieben: Nicht-wahrhaben-Wollen, Widerstand, Verhandeln, Depression, Annahme.

und seine Wirkungsmacht erhält.

Das Gute am Altgewordensein zeigt sich als ge- und erfülltes Leben. Es hat Geschichte geschrieben, auf die wir retrospektiv blicken können. Sie zeigt sich in Erinnerungen, Geheimnissen, Geschaffenem und Hinterlassenschaften. Das Altgewordensein ist eine Dokumentation des Lebens. Doch diese braucht keine Zeitdokumentation, weil einzig und allein die Inhalte und Werte des Lebens zählen und eine Zeitbetrachtung nebensächlich macht.

Gutes Leben und Zeitvergessenheit. Das Leben ohne Zeit zu vermessen mutet, weltfremd und außerhalb jeder Gedankenlogik zu stehen. Die Gängigkeit, von Lebenszeit bzw. Zeit des Lebens zu sprechen, bringt uns nicht auf den Weg, Zeit vergessen zu machen. Viele Lebensentscheidungen und -handlungen verknüpfen wir mit unserem gängigen, alltagsgebundenen Zeitverständnis. Was hat es dann auf sich, das gute Leben mit Zeitvergessenheit in Verbindung zu bringen?

Es wäre hilfreich und ist zugleich irritierend, die Zeit aus dem praktischen Leben, privat wie beruflich, zu verbannen. Mit den mannigfaltigen technischen Erfindungen, die Zeit zu messen, gehört es zum Leben des Menschen, Zeit mit dessen Lebenswirklichkeit zu verknüpfen, in zeitlichen Strukturen den Lebensalltag zu bewältigen.

Kein Naturwissenschaftler, noch weniger die Physiker, stellen die Zeit in Frage. Zeit ist für sie objektiv-real – Existierendes außerhalb jeglicher menschlicher Denkart. Es wird von absoluter, relativer Zeit und Raum-Zeit gesprochen. Philosophen stehen im Zeit-Diskurs und fragen sich, ob Zeit objektiv (außerhalb vom Menschen existent) und/oder subjektiv (an den Menschen gebunden, ein Produkt menschlichen Lebens) ist.

Die Frage, die sich hier eingehend und für die weitere Betrachtung von vertiefender und erweiternder Tragweitestellt, ist: Brauchen wir zu einem guten, erfolgreichen, sinnerfüllten Leben Zeit? Würde es Sinn machen, Zeit aus dem Leben zu streichen – und geht das so ohne Weiteres? Was hätte es für einen praktischen Mehrwert, das gute Leben auch *ohne, frei* von Zeit zu denken?

Vielleicht ist eine derartige radikale Hinwendung, Zeit aus dem Alltagsleben und Altern als lebensbegründete Vermessungsgröße zu verbannen, wenig hilfreich und menschlich verstörend. Ein ziel- bzw. ergebnisführendes Leben wird, wie in Stein gemeißelt, in enger Beziehung zur Zeit gesehen. Wir sprechen von *Tages*zeit und Zeit-*etappen* (Meilensteinen), wenn wir das eigene Leben zum Projekt in der Zeit erheben.

Die Moderne, in der die *Lebens*zeit jedes einzelnen von uns eingebettet ist, ist mehr denn je in Zeit gerahmt. Nicht selten sehen wir uns auch in ihr wie in einem Spinnennetz verfangen. Die Zeit offenbart sich wie eine Spinne, die uns mit ihren klebrigen Fäden umhüllt. Wir sehen uns in Gefahr, ihr machtlos ausgeliefert zu sein. Das Leben ist in Gefahr. Ein geistiger und praktischer Befreiungsschlag wird gebraucht. Kann die provokant anmutende These Abhilfe schaffen, die heißt: *Ein gutes Leben braucht keine Zeit*? Es lebt aus und für sich selbst. Das Leben wird nicht wertvoller und sinnstiftender, wenn wir es in und mit Zeit begründen. Dafür gibt es nur eine Erklärung: Das Leben und noch mehr das gute Leben genügt sich selbst. Es begründet und erklärt sich aus seinem Dasein, aus den Inhalten, aus dem Tun menschlichen Denkens und Handelns. All das ist nicht zwingend mit Zeit verbunden.

Kritiker mögen diese Argumentation für abstrakt, weltfremd, unpraktikabel halten. Sie sei weder praktisch zielführend noch im Sinne der Ethik von Wert. Das Leben in der postmodernen Gesellschaft mahne uns zu Lebenseffizienz und -effektivität. Kein Leben, Denken und Handeln stehe außerhalb von Zeit. Alles Leben in der menschlichen Gesellschaft sei auf Zeit begründet und aus ihr zu schaffen. Wird unser Leben dadurch besser, wenn Zeit zu dessen Referenzpunkt gemacht wird?

Was für ein Leben und Altern wollen wir leben – mit oder ohne Zeit? Oder gibt es vielleicht bei allen Zeitverständnissen eine Sicht auf Zeit, deren Berücksichtigung im Lebensalltag sinnvoll, d. h. orientierend ist *und* zugleich dem Menschen in seiner Lebenswirklichkeit eine gebotene Zeit*vergessenheit*[10] einräumt?

Wir wissen aus Erfahrung, dass beide Zeitsichten ihren Platz im Leben und Altern des Menschen gefunden haben. Sind es zwei Zeitgesichter, die sich gegenüberstehen.

Die fortsetzenden Überlegungen gehen in die Richtung, die Zeit als Lebensverwirklichungsgröße zu *akzeptieren, neutralisieren* und auch einfach einmal *wegzudenken*.

Ein gut geführtes Leben lässt Zeit vergessen. Sie verliert sich in ihm und zeigt sich durch Nichtbeachtung in einer Bedeutungslosigkeit. Der Wert des Lebens wird nicht in, mit bzw. durch Zeit bestimmt. Er wächst nicht aus der Zeit, sondern in dem menschlichen Begreifen, dem Leben einen Sinn zu geben – es mit Werten des Lebens zu füllen. Die Werte sind zeitlos, aber nicht zeitfrei, wenn es darum geht, deren Wandel im und mit dem Leben und Altern als

---

[10] Die Erfahrung von Zeitvergessenheit ist uns nicht unbekannt. Wir kennen den Flow-Effekt, der uns alle Zeit vergessen lässt, wenn wir mit einer Tätigkeit beschäftigt sind, die uns Zeitvergessen in den Bann zieht, weil die Lust und Freude an dem, was wir tun, uns Lebensfreude schenkt. Wer kennt nicht aus Urlaubszeiten, dass wir uns derart in der Zeit verlieren, dass wir nach den ersten entspannten Tagen des Urlaubs, das Datum oder gar den Wochentag vergessen und uns auf das Leben selbst konzentrieren.

zeitliches Geschehen einzuordnen.

Selbst aufoktroyierte Mahnungen, keine Zeit verlieren zu dürfen, blockieren dieses Lebens-Alterns-Zeitverständnis. Vermeintlich verlorene Zeit wird als Verlust, oft auch als Lebensschwäche wahrgenommen. Das innere Drängen, diesen Verlust wieder wettmachen zu müssen, ist stark. Lebensschnelllebigkeit soll dies ausgleichen.

Wenn wir es schaffen, die Zeit dort zu verorten, wo sie uns für das praktische Leben sinnstiftend gegenübertritt, dann gewinnt das Leben an Wert und an dem, was es für uns ist: *gut zu sein*.

In allem folgt das Normativ: Lerne das gute Leben auch ohne Zeit als Handlungsgröße zu etablieren. Zeit verdient ihre existenzielle Anerkennung. Doch ein gutes Leben besteht nicht auf Zeitvermessenheit.

Ein gutes Leben und Altern sind sich ihrer Zeit bewusst. Doch in ihren Wesen genügen sie sich selbst. Zeit verflüchtigt sich in unserer alltäglichen Lebenswirklichkeit mal mehr, mal weniger.

Ist es möglich, das Spannungsfeld von menschlicher Zeitdoktrin und Zeitvergessenheit aufzulösen? Bietet der weitere Diskurs Raum, sich aus der Klammer zu befreien, wenn sich Zeitvergessenheit in den Bildern von Zeitlosigkeit, Zeitfreiheit und Zeitgelassenheit zeigt?

Es ist nicht wenig Zeit,
die wir zur Verfügung haben,
sondern es ist viel Zeit,
die wir nicht nutzen.

Seneca (54 v. Chr.–39 n. Chr.)

ZEIT UND IHRE WIRKUNGSMACHT

Zeit ist ein eigenartiges Phänomen unseres Daseins. Man kann sie weder sehen noch anfassen oder einfach wegdenken. Sie lässt sich nicht vermehren, verlängern oder verkürzen. Sie ist da und dennoch bekommen wir sie nicht richtig zu fassen. Ihre Präsenz offenbart sich auf eine Weise, die eine Erklärung, was Zeit ist und wie sie zur Wirkung gelangt, schwierig erscheinen lässt.

Wir schauen erwartungsvoll auf die Uhr, mit der wir Zeit messen. Wir lassen uns zudem von ihrer Zeitangabe fixieren, antreiben oder gar hetzen. Wir hassen *und* genießen Zeit. Wir gewähren sie und möchten sie anhalten. Wir brauchen sie als Orientierung und wollen sie nicht, wenn wir sie als störend wahrnehmen. Wir meinen, Zeit zu gewinnen oder zu verlieren, und sind ärgerlich, wenn wir Zeit verspielen oder verpassen.

Wir sind Zeit-*Kümmerer*, obwohl wir uns gar nicht um sie kümmern müssten, weil Zeit wie Raum ihr eigenes Dasein hat.

Zeit wird verkürzt und verlängert; neue Zeit gewährt, verschenkt oder vertauscht. Wir betrachten uns als Zeit-*Macher*.

Wir schenken der Zeit eine bis heute nie dagewesene Aufmerksamkeit. Unser Leben organisiert sich in Zeit: als *Lebenszeit*. Zeit existiert, so unser Verständnis; und wir verbandeln sie mit unserer Wirklichkeit. Dieses Zusammentreffen von Leben und Zeit verhilft der Zeit zu einer *Wirkungsmacht*. Das geschieht nicht, weil Zeit Macht über den Menschen hat, sondern weil der Mensch selbst ihr den Raum einer Wirkungsmacht gibt.

Die Erklärung für Zeit, was sie ist, wie und wo sie sich zeigt, mag in einzelnen Fachwissenschaften und der Philosophie differenziert ausfallen. In allem wird zwischen natürlicher und künstlicher, objektiver und subjektiver, absoluter und relativer Zeit unterschieden. Sie ist zum einen ein Fixpunkt der Wissenschaften und zum anderen mutet sie sich in der Philosophie metaphysisch an. Es sind Zeitannäherungen, die Zeit aus unterschiedlichen Perspektiven erklären.

Auf diese sei hier aufmerksam gemacht, jedoch konzentriert sich die folgende Betrachtung auf unser Selbstverständnis von Zeit und auf deren Wirkung auf das Alltägliche, das Leben und Alter*n*.

Zeit fließt, Zeit kommt und vergeht. Zeit zerrinnt und wir meinen, sie für uns gewinnen und gar beherrschen zu können – es sind Ausdrucksweisen, mit denen wir versuchen, Zeit zu verstehen, praktikabel und handhabbar zu machen. So erhält Zeit im Fühlen, Denken und Verhalten des Menschen ihre eigene, den Alltag bestimmende Ausdrucksweise.

Wir hantieren mit der Zeit, als wäre sie ein Ball, mit dem wir nach Belieben spielen können. Stattdessen *spielt* die Zeit mit uns, was im Weiteren näher zu erklären ist.[11]

Versuchen wir, unserem Alltagsdenken eine Erklärung für Zeit abzuringen, wird es schwierig. Sie kommt in unserem Alltag wenig rational daher und lebt in uns als ein mit den Dingen und Ereignissen erfahrbares Erscheinungsbild.

Wir schätzen Zeit als etwas Kostbares, was darauf hindeutet, dass wir über sie nicht bedingungslos verfügen. Jeder von uns weiß, dass

---

[11] Es sei hier bereits vorangestellt, dass die Überlegung, dass es der Ball sei, der in Gestalt von Zeit mit dem Menschen spiele, nicht korrekt ist. Diese Formulierung ist einzig und allein dem Alltagsgebrauch von Zeit geschuldet.

der Tag 24 Stunden hat – keine Sekunde mehr oder weniger. Alles muss, soll in diese Zeit hineinpassen. Wir binden Zeit an unser Leben und machen daraus *Lebenszeit*. Wir verknüpfen Zeit mit Arbeit und deklarieren sie als *Arbeitszeit*.

Wir verbinden Zeit mit Geburt, Tod und ein Leben mittendrin. Wir fixieren so genannte Lebenszeitpunkte: *Zeitereignisse*.

Nicht selten machen wir Zeit zu einer Verhandlungsmasse. Wir legen Zeitpunkte und Zeiträume fest, die uns den Eindruck hinterlassen, dass *wir* es sind, die über die Zeit verfügen, Macht über sie haben und bestimmen.

Ist es wirklich so? Sind wir Menschen *die* Zeit-Macher? Ist Zeit verhandelbar? Hat der Mensch die Zeit wirklich im Griff? Was würde das bedeuten?

Lässt sich zwischen Mensch und Zeit ein partnerschaftliches Verhältnis konfigurieren oder sind es Begegnungen zwischen ihnen, die einem David und Goliath gleichkommen?

David wird es schwer haben, aus dieser Begegnung als Gewinner hervorzugehen. Das menschliche Bemühen, über die Zeit zu herrschen, gleicht einem unendlichen Schattenboxen. Die Frage ist, ob ein postuliertes, partnerschaftliches Mensch-Zeit-Verhältnis möglich ist, und wie das Arrangement zwischen ihnen aussehen könnte.

Heute, im Zeitalter der Globalisierung und Digitalisierung, ist das Aufeinandertreffen von Zeit und Mensch keineswegs entspannter geworden. Im Gegenteil. Der Mensch hat mehr denn je die Zeit herausgefordert und einen Gang in seiner Zeitmaschine höher geschaltet, um Zeit weiter zu perfektionieren und besser in den Griff zu bekommen.

Er sieht sich in der Macht, Zeit weiter instrumentalisieren zu können. Die Erfahrung von der Allgegenwart an Zeit führt den Menschen dazu, Zeit für sich als einen *frei* verfügbaren Rohstoff aus der Natur zu betrachten und sie sich nach seinen Interessen und Bedürfnissen einzuverleiben.

Der Vergleich und Schluss des Gedankens, Zeit dem menschlichen Regime zu unterwerfen und gefügig machen zu können, liegt unserer Alltagserfahrung sehr nahe. Doch entspringt sie der realen, tatsächlichen Lebensrealität?

Wir stoßen auf die Frage nach der *Verfügbarkeit und Unverfügbarkeit von Zeit*. Sie bringt uns an die Grenze von absoluter (relativer) und objektiver (subjektiver) Zeit.

Es steht zugleich das Postulat im Raum: Der Zeit ist es letztlich egal, wie der Mensch Zeit versteht, weil Zeit *ist* – auch ohne den Menschen. Als Existenzform der Realität genügt sie sich selbst und verfügt über sich allein.

In dem Moment, wo der Mensch Zeit aus der Absolutheit, Objektivität und Unverfügbarkeit herauslöst und sie in seine Lebenswirklichkeit einbettet, bekommt Zeit ein ganz anderes, ein menschliches Gesicht. Es ist das Zusammentreffen mit dem Menschen, mit seinem Fühlen, Denken und Handeln. Für den Menschen wird Zeit zur Lebenszeit, in der sich alle seine Zeiten wie Arbeitszeit, Urlaubszeit, Altern etc. spiegeln.

Es mutet wenig erklärungsbedürftig und für jedermann nachvollziehbar an, dass vom Menschen alle Macht über die Zeit ausgeht. Der Mensch ist es, der die Zeit konfiguriert, misst, strukturiert und über sie bestimmt. Er sieht sich als *der* Macher, Konfigurierer von und Herrscher über die Zeit.

Die Wahrnehmung und der Umgang mit Zeit zeigen sich beim Menschen in seinem Grundverständnis darin, dass *er* über sie die Verfügungsgewalt träge und eine Wirkungsmacht ausübe. Wir sprechen hier von einer *Zeitgestaltung*. Der Mensch sieht sich in der Macht, Zeit verändern zu können: Zeit wird geplant.

Das Bild des Ringens mit und um die Zeit ist in unserem Bewusstsein derart verinnerlicht, dass der Fokus einzig und allein darauf ausgerichtet ist, Macht über die Zeit zu gewinnen, statt sich auf das Leben selbst zu konzentrieren. Wir haben Zeit für das Leben auf den Kopf gestellt. Zeit wird nicht als ein Denkhilfsmittel produktiver Lebensgestaltung angesehen. Stattdessen instrumentalisiert der Mensch sein Leben, indem er das Leben der Zeit unterwirft. Das Maß des Lebens ist auf ein Zeitmaß ausgerichtet. Das heißt, es ist die Zeit, die über das Leben bestimmt und kontrolliert.

Je mehr das Aufeinandertreffen von Zeit und Mensch und die Gestaltungskraft des Menschen in seiner Lebenswirklichkeit zum Tragen kommen, je nachdenklicher offenbart sich die Idee von der Macht menschlicher *Zeitgestaltung*.

Ist Zeit *wirklich* gestaltbar oder sollten wir nicht richtigerweise von einer *Lebensgestaltung* sprechen, in der Zeit und Raum eine Existenzweise bieten?

Die bisherige Zeitbeschreibung erscheint uns so plausibel, dass nicht oder nur kaum hinterfragt wird, ob Zeit nicht auch anders gedacht und befragt werden kann. Der Blick menschlicher Macht- und Herrschaftsposition auf Zeit ist auch von einer anderen menschlichen Zeitlebensqualität bestimmt. Sie ist nicht von menschlicher Stärke über die Zeit bestimmt, sondern durch eine vom Menschen wahrgenommene und gelebte Wirkungsmacht von Zeit. Das führt uns zu der Frage: Bestimmt Zeit über den Menschen? Das würde den tagtäglichen Machtkampf des Menschen mit der Zeit erklären. Oder *lässt* er sich durch seine Lebensweise von ihr bestimmen?

Auch ein *anderer* Blick auf Leben und Zeit durchdringt den Alltag, der tief im Fühlen, Denken, Entscheiden und Handeln des Menschen verankert ist.

Der Mensch erfährt, wie sehr er sich tagtäglich einem Zeitregime unterwirft. In seiner Arbeitswelt wird das besonders spürbar. Er erlebt, wie er sehr unter Zeit*druck* gerät, wie sehr *seine* Zeit über sein Leben bestimmt und ist verwundert, wenn in ihm ein Gefühl der Ohnmacht entsteht. Das Spiel von Macht und Ohnmacht zwischen Mensch und Zeit offenbart sich – wie sich im weiteren Diskurs zeigen wird – in der Verortung keinesfalls eindeutig in der Erklärung und Zuweisung von Wirkungsmacht.

Ist der Schluss gerechtfertigt, wenn wir sagen: Die Zeit hat die Wirkungsmacht über den Menschen? Die These ist: Der Mensch sieht sich in der Wirkungsmacht, über Zeit zu verfügen und über sie zu herrschen und sie zu kontrollieren. Der Mensch erfährt in seinem Erleben auch die Wirkungsmacht von Zeit, die ihn in Situationen des Beherrschtwerdens bringt. Macht und Ohnmacht in Bezug auf Zeit sind im und mit dem Menschen vereinigt.

Der Mensch steht in Bezug auf Zeit zu sich selbst in einem widersprüchlichen Verhältnis.

In allem bewegen wir uns in einer Denkweise, die das Herausstellen des Mensch-Zeit-Verhältnisses nicht geradlinig und für das Alltagsleben überschaubar macht.

Wir haben es mit *drei ineinander verwobenen Denklinien* zu tun: *Erstens.* Der Mensch sieht sich in dem festen Glauben und in der Annahme, dass er einen Zugriff auf die Zeit hat und über sie walten kann. Das versetzt ihn in die Lebenssituation, *selbst* Wirkungsmacht über die Zeit zu besitzen.

Zweitens. Der Mensch erfährt mit sich zugleich eine lebensgestalterische Ohnmacht. Jene Zeit offenbart ihm Grenzen seiner Macht.

Er fühlt sich von der Zeit beherrscht, gegängelt, getrieben und gehetzt. Er erlebt sich als Spielball alltäglichen Zeitgeschehens.

Drittens. Statt geglaubter Macht und menschlicher Gestaltungskraft über die Zeit bewegt sich der Mensch in einem Grenzgang zwischen Zeitgestaltungsgläubigkeit und tagtäglich erlebter Machtlosigkeit über (seine) Zeit. Das Ergebnis ist eine gedoppelte, vom Menschen hervorgebrachte und inszenierte Zeitbefangenheit von außerordentlicher Wirkungskraft.

Bei aller Verstandeslogik und gebotener Vernunft steht das fehlende Eingeständnis im Raum, dass der menschliche Zeitmachtglaube *und* die vom Menschen *geschaffenen* Zeitstrukturen, die seinen Alltag und das gesellschaftliche Leben durchdringen und prägen, ihn auf's „Glatteis" führten, der Mensch könne über die Zeit herrschen.

Der Wille des Menschen, Zeit zu instrumentalisieren, ist ungebrochen. Dabei stößt er immer wieder auf seine Machbarkeitsgrenze.

Bücher, die uns Lebensberatung über einen persönlichen Umgang mit der Zeit schenken, gibt es viele. Seminare zum Zeitmanagement werden zuhauf beworben und von Firmen gebucht. Entschleunigung und Achtsamkeit, das Leben im Hier und Jetzt werden als Schlüssel für das Leben angeboten und als Lebensweisheiten verkauft. Doch hat das alles genützt? Liegt es an der menschlichen Unfähigkeit, das Phänomen Zeit für das Leben in den Griff zu bekommen, weil es per se schwer oder gar nicht zu fassen ist? Oder haben wir es mit einem uns bestimmenden Geist der Natur zu tun, der es dem Menschen als denkendes und handelndes Subjekt nicht möglich macht, Zeit weder zu verstehen noch kontrolliert zu handhaben?

Unser Alltagsverständnis über und unser praktischer Umgang mit der Zeit ist so ausgerichtet, dass wir die Zeit als existent *und wirklich* wahrnehmen. Der Einfluss von Zeit auf unser Leben – und das nicht immer zum Guten – wird nicht in Abrede gestellt. Der Mensch sieht sich alltäglich in einem Machtkampf mit der Zeit. Das Wechsel- und Rollenspiel, Gewinner und Verlierer zu sein, bestimmt das Leben. Aus dieser Warte gäbe es aus Menschensicht keinen Grund, an der Existenz von Zeit zu zweifeln. Der Mensch spürt die ausübende Wirkungsmacht von Zeit. Dennoch ist der Zweifel nicht unberechtigt.

Die oben aufgedeckte Gegensätzlichkeit im Mensch-Zeit-Wirkungsmachtverhältnis bedarf einer vertiefenden Nachfrage und Zeit-Mensch-Betrachtung.

Der Mensch stellt sich mit Geschick und technischer Raffinesse dieser Macht mit allen Kräften entgegen, um so seinen Einfluss geltend zu machen. Dabei hat er vergessen, dass er *selbst* Subjekt des modernen bzw. postmodernen Zeitgeschehens und Verursacher jenes menschlich geprägten Zeitbildes ist.

Das Resümee bisheriger Gedanken ist: Der Mensch hat der Zeit mehr denn je den Kampf angesagt. Das geschieht mit der Absicht, über die Zeit zu herrschen, sie zum Untertan seines Handelns zu machen. Je mehr er versucht, sich die Zeit für seine Interessen und Ziele einzuverleiben, je mehr unterwirft er sich der Zeit selbst, wird zum Machtinstrument der Zeit.

Die erfahrene Wirkungsmacht der Zeit auf den Menschen ist zugleich auch eine Wirkungsmacht des Menschen auf die Zeit. Beide Mächte haben sich im Geschehen von Alltagsleben und Gesellschaft zwischen Mensch und Zeit verstrickt. Ist diese Verstrickung auflösbar? Kann der Mensch sich von der Zeitmacht und Zeitohnmacht befreien?

In der folgenden Betrachtung soll der Versuch unternommen werden, sich aus der Klammer des Wirkungsmacht-Dilemmas zwischen Zeit und Mensch herauszubewegen. Es ist ein Diskursangebot, Zeit für den Menschen auf einen neuerlichen Boden des Verständnisses zu stellen.

Um dort hinzugelangen, seien im Vorfeld Gedanken erlaubt, die das bisherige Entstehen und Handhaben von Zeit aus der Sicht des Menschen verständlich machen.

Natur- und Kunstzeit. Spätestens seit der Mechanisierung und Industrialisierung hat der Mensch es gelernt, mit der Uhr zu leben und aus ihr zeitlichen Profit zu schlagen. Die in der Mitte des 18. Jahrhunderts erfundene Räderuhr stellte alle bis in die Antike zurück erfundenen Uhren in den Schatten bisheriger Kunst, Zeit messen zu wollen.

Seit es Uhren gibt, hat sich das Leben gewandelt, weil die Uhren zum Maßstab des Lebens wurden. Mit der Verstädterung des Lebens gab es hierfür die ersten Anfänge. Sand-, Sonnen- und Wasseruhren waren die ersten technischen Mittel, sich von der Naturzeit zu lösen und eigene, menschorientierte Zeitmaße zu finden, die das Leben immer mehr ordneten. Das Leben in und mit der *natürlichen* Zeit wandelte sich in ein Leben *technischer* Zeitorientierung als Zugriff auf die Zeit.

Der Mensch hat mit der Erfindung der Uhr die Zeit mehr denn je unter seine Kontrolle gebracht. Ohne Uhr war das Leben des Menschen ein Leben im Rhythmus einer Natur*zeit*, bestimmt durch Tag und Nacht, den Wandel des Mondes oder durch die Jahreszeiten. Das Jahr wurde in der Wiederkehr der Sternbilder gemessen.

Der Takt der Zeit ist nicht mehr zu überhören. Der Mensch hat die Uhr in alle Bereiche seines Lebens hineingelassen. Die ordnende Kraft der Zeit auf das Leben ist allgegenwärtig.

Doch spätestens mit der Räderuhr, die im hohen Maße die Kunstzeit kreierte und sich am weitesten von der Naturzeit wegbewegte, lebt der Mensch in dem festen Glauben, die Zeit im Griff zu haben und sie beherrschen zu können. Diese Zeit der Räderuhr wurde denk- und handlungsbestimmend. Aller Erfolg zur Zeit des aufstrebenden Kapitalismus gab dem Menschen den Blick frei, auf dem rechten Weg zu sein, die Zeit für sich beherrschbar zu machen. Zeit etablierte sich zur Ware. Zeit wurde Geld – bis heute.

Das zu resümierende Ergebnis ist: Unsere moderne Welt machte aus der Naturzeit ein künstlich-technisches Zeitkonstrukt. Die Erfindung von auf Natur begründeten Zeitmessern begann, die Lebenswelt, den Alltag von Grund auf zu verändern. Doch die vom Menschen geschaffene künstlich-industrielle Zeit führte die natürliche immer mehr an den Rand der Bedeutungslosigkeit. Die weitere Perfektionierung der Uhr(zeit), begleitet durch technischen und gesellschaftlichen Fortschritt, machte das möglich.

Die Naturzeit wurde zusehends ein Schatten der Kunstzeit, auch wenn diese im Ansatz versuchte, sich an den natürlichen Zeitgegebenheiten zu orientieren.

Wir haben es hier auch mit einem Zurückdrängen und einer gewachsenen Vergessenheit an Naturzeit zu tun. Die Naturzeit wurde immer mehr durch die mit der Mechanisierung und Industrialisierung verbundene technische Zeit aufgesogen.

Dieser Kunstgriff in die Zeit veränderte das Zeitverstehen und den Umgang mit Zeit. Diese Zeit ist anthropomorph, von menschlicher Gestalt. Sie folgt menschlichen, gesellschaftlich-technischen Zielen. Sie ist keine natürliche Zeit.

Doch dieser Unterschied wird in unserem Alltagsgeschehen nicht gemacht, was zur Verklärung der Zeit führt. Menschenzeit und Naturzeit werden gleichgesetzt. Naturzeit *wird* zur Menschenzeit, eine vom Menschen mittels Technik gewandelte Zeit – Uhrzeit –, in der die menschliche Macht steckt, Zeit beherrschen und kontrollieren zu können.

Das Gegenstück zu jener technischen Zeit(betrachtung) ist, die vom Menschen gedachte Zeit als Naturzeit anzuerkennen, ausgestattet mit Naturkraft und Macht, begründet mit einem eigenen Rhythmus, der das menschliche Denken und Handeln trägt. Nicht wenige indigene Völker lassen sich noch ganz oder teilweise von dieser Zeit des Lebens tragen.

Die Verwischung oder Gleichsetzung der beiden Zeiten, in der die eine in der anderen aufgeht, macht es nicht einfacher zu klären, was Zeit ist, welches Verständnis wir ihr zugrunde legen und wie wir mit ihr umgehen wollen. Vielleicht reden wir über etwas, was als objektiv-real nicht auszumachen ist und sich als eine intelligente Erfindung des Menschen offenbart, Zeit zu strukturieren, effizienter, erfolgreicher zu machen, was den gesellschaftlichen und technischen Fortschritt in der Moderne beflügelte.

Diese Gedanken und Fragen liegen fern des menschlichen Alltags. Die Zeit betritt die Lebensbühne, sobald wir die Augen aufmachen und uns bewegen. Wir sehen auf die Uhr, um uns für den weiteren Ablauf des Tages zu organisieren. Sie gibt uns einen Tritt, wenn Erwartungen (Ziele, Absicht) mit der Uhrzeit auseinanderfallen.

Kinder lernen im Vorschulalter die Uhrzeit zu lesen. Sie wissen die Zeigerstellung zu deuten und tageszeitlich zuzuordnen. Sie ist die Botschaft, sich auf neuerliches Verhalten einzustellen, z. B. vom Spielen nach Hause zu kommen. Uhrzeiten werden so zur wichtigen Verabredung im Umgang miteinander. Die Natur und deren Entwicklung in Zeit in Verbindung zu bringen, bleibt bei allem Zeitverständnis außen vor.

Es hat sich im Laufe des Lebens eine Vorstellung von Zeit entwickelt, die sich von der Naturzeit zunehmend herauslöste. Es ist eine vom Menschen geschaffene *kulturelle* Zeit, in der wir maßgeblich leben und an der wir uns orientieren. Wir machen sie weniger an natürlichen Gegebenheiten als vielmehr am Uhrwerk fest. Wir haben Zeit erfahren und gelernt, mittels Uhr und Kalender Zeit zu verorten, was nicht heißt, dass der Mensch vergessen hat, was Jahreszeiten sind.

Bei allem Bemühen an Bestimmung und Erklärung, wissen wir nicht, was Zeit ist, und geben uns letztlich mit oberflächlichen Zeitbeschreibungen zufrieden. Es mag unser Schicksal sein, mit ihr zu leben, ohne sie recht fassen (begreifen) zu können.

Ungeachtet dessen ist es immer wieder faszinierend und interessant, der Zeit zu begegnen – praktisch durch Zeiterfahrung und philosophisch, wenn wir versuchen, ihr Wesen zu erschließen.

Die folgende Zeitbetrachtung verfolgt drei Denklinien, die das oben beschriebene **Mensch-Zeit-Wirkungsmacht-Dilemma** nicht auflösen, so doch neutralisieren könnten.

Zeit-Denkstrategie 1: Wir haben die Möglichkeit, mit Aufklärung deutlich zu machen, den Menschen ein Zeitverständnis zu vermitteln, das gleichermaßen eine Natur- *und* Kulturzeit zum Ausdruck bringt. Es wäre viel getan, sich diese unterschiedlichen Wesenszeiten bewusst zu machen und sie nicht – weder die eine in die andere noch umgekehrt – aufzulösen bzw. gleichzusetzen. Es sind zwei grundlegend verschiedene Zeitcharaktere, wobei sich die Uhrzeit aus der Naturzeit herauswandelte und in der Gesellschaft ein Eigenleben entwickelte.

Es wäre auch hilfreich, die *Kulturzeit als eine Spielart der Natur-*

zeit anzuerkennen. Das führt uns zu dem Verständnis, dass die vom Menschen geschaffene technische Zeit ihre Quelle in der Naturzeit hat und die Verbindung zwischen ihnen sich nicht vollkommen aufgelöst hat. Aus dieser Perspektive von Zeit eröffnet sich der Respekt für die Naturzeit und deren Einordnung in den Lebensalltag des Menschen. Diese Demut steht dem Menschen gut, statt im stetigen Machtkampf mit der Zeit zu sein. Der Mensch sollte aus seiner Alltagserfahrung erkennen, dass *die* Zeit, mit und in der er seinen Alltag bestreitet, ein Produkt menschlich-technischer Kreativität ist und er in seiner Wirkungsmacht über die Zeit Gefahr läuft, sich und sein Leben zu ent- bzw. verfremden.

Zeit-Denkstrategie 2: Diese Zeitauffassung orientiert sich an einer naturgebundenen Zeit. Darunter ist zu verstehen, dass Zeit bzw. natürliche Zeitereignisse stets mit *Bewegung* verbunden sind. Wie lässt sich dieser Gedanken in das Zeit- und Lebensverständnis einordnen? Würde es Sinn machen, unser Zeitverständnis ausschließlich auf Bewegung zu begründen? Was würde gedanklich und praktisch geschehen, wenn wir Zeit als Bewegung verstehen, uns nicht an Zeit, sondern an Bewegung in unserem Leben orientieren?

Der Aufschrei ist vorprogrammiert. Der Vorwurf der Weltfremdheit steht im Raum – und das zu Recht. Alle Lebensorientierungen wären auf den Kopf gestellt. Bewegung ließe sich ebenso wie Zeit messen, zumal Bewegung im Zusammenhang mit Geschwindigkeit Zeit involviert.[12]

Wir verabreden uns anhand der Uhrzeit. Wir planen zukünftiges

---

[12] Zeit ist eine physikalische Größe, die mit Bewegung in Verbindung gebracht wird. Aus ihnen resultiert die Geschwindigkeit. Geschwindigkeit gibt an, wie schnell oder wie langsam sich ein Körper bewegt. Lebenszeit und Schnelllebigkeit werden zum Maßstab des Lebens. Die Bewegtheit des Lebens äußert sich u. a. im *Er*leben. Doch sie ist kein physikalisches Merkmal.

Handeln und treffen zeitbedingte Entscheidungen. Eine Verabredung auf der Grundlage von Bewegung ist kaum vorstellbar und erscheint wenig zielführend.

Dennoch sei dieser Gedankengang erlaubt, sich auf eine These einzulassen, die nicht die Lebens*zeit*, sondern das *bewegte* Leben in das Zentrum der Betrachtung stellt.

Es geht nicht darum, das mit dem technischen Fortschritt gewachsene Zeitverständnis, mit dem wir alltäglich umgehen, über Bord zu werfen und in Gänze außer Kraft zu setzen. Wer das will, macht einen Schritt zurück vor die Moderne, weit vor jene Zeit, in der Städte und Hochkulturen sich entwickelten und vom Menschen geschaffene Zeitinstrumente (Sonnen-, Sand- oder Wasseruhren) den Rhythmus von Leben und Gesellschaft bestimmten.

Die *These* ist, das Mensch-Zeit-Wirkungsmacht-Dilemma zu umgehen und der Zeit Lebensverbundenheit zu schenken. Zeit wird in Bewegung aufgelöst. Die Idee ist, Zeit als Bewegung zu be- bzw. umschreiben und die Lebenszeit in ein Leben in *Bewegung* zu wandeln.

Aus allem wird der Fokus darauf gelegt, das Leben in seiner Bewegung, Veränderung, im Wandel zu begreifen, sich vom Gedanken einer Zeit des Lebens zu verabschieden. Der Blick ist auf das *bewegte* Leben gerichtet, in dem nicht die Zeit zum Mittelpunkt des Lebens gemacht wird, sondern das sich *verändernde* Leben selbst.

Was begründet diese These? Wie ist es zu verstehen, das Leben an Bewegung und nicht wie traditionell an Zeit zu binden, obwohl wir in unserem Alltagsverständnis von Lebenszeit sprechen und stets mit dem Leben die Zeit verknüpfen?

Alle weiterführenden Gedanken gehen von zwei Prämissen aus: *Erstens.* Der Mensch hat die Zeit in sein Leben hineingeholt. Kein anderes Lebewesen verfügt über ein Zeitverständnis, um gut durch das Leben zu kommen. Zugleich ist herauszustellen, dass das Menschsein sich darin auszeichnet, Technik zu kreieren und sie für sein Lebenswerk gezielt einzusetzen. Dazu gehört auch die Uhr in ihren geschichtlichen Gestaltungsformen.

Doch diese gewachsene Zeit-Mensch-Uhr-Beziehung führte mit folgendem technischen und gesellschaftlichen Fortschritt den Menschen in ein von ihm herbeigeführtes Zeit-Mensch-Wirkungsmacht-Dilemma. Es beschert ihm Macht und Ohnmacht gleichermaßen.

Zweitens. Bewegung wird als Daseinsweise, als eine Grundeigenschaft der objektiven Realität verstanden. Sie zeigt sich in Formen (Bewegungsformen), die wir als offenkundig wahrnehmen, wenn wir in der Realität (Natur, Technik, Gesellschaft) die konkrete Vielfalt der Dinge und Erscheinungen ausmachen, in und mit denen wir Veränderungen, Prozesse, Wandlungen, Entwicklung erkennen und beschreiben.

Die Bewegung ist nicht abstrakt, sondern sie äußert sich in bzw. mit den Dingen, durch deren Veränderung. Die unmittelbare Lebenswirklichkeit des Menschen macht darin keine Ausnahme. Das gilt auch für das Menschenleben selbst, das sich wandelt, einen Anfang und ein Ende hat. Zwischen diesen zeigen sich das Leben verändernde, entwickelnde *Stufen*[13].

Die Astrophysik kann uns bei unserer Zeitbetrachtung, Zeit als Bewegung zu verstehen, hilfreich zur Seite stehen. Ein heute aus dem Weltall registriertes Ereignis wie z. B. eine Supernova, die vor Jahrtausenden stattfand, ist ein Ereignis der Vergangenheit, das auf

---

[13] Vgl. Hermann Hesse: Mit der Reife wird man immer jünger. Betrachtungen und Gedichte über das Alter, Insel Verlag, Taschenbuch 2311, Frankfurt a. M. und Leipzig 1990, S. 87

der Erde als Gegenwart ankommt. Die Zeit *verschiebt* sich, weil das Ereignis der Supernova auf uns mit Lichtgeschwindigkeit transportiert wird, obwohl es selbst an jenem Ort und zu jener Zeit bereits stattfand.

Wir nehmen dieses Ereignis in einer *Zeitverschiedenheit, in einer Bewegung* wahr. Zeit wird über das Licht von einem Ort zum anderen *bewegt*. Mehr noch: Es findet eine Zustandsveränderung des Sternes statt.

Wie oft sagen wir: Die Zeit läuft weg. Zeit rinnt oder verfliegt wie im Fluge. Zeit vergeht. Wir verbinden sprachlich Zeit mit Verben, die Bewegungen zum Ausdruck bringen. Zeit und Zeitverständnis auf den Punkt gebracht heißt: Zeit vergeht nicht; sie *ist*.

Zeit verliert ihre Abstraktion, wenn wir sie mit der Bewegtheit, Veränderung, Entwicklung der Lebensdinge verknüpfen. Wir erleben unsere Wirklichkeit nicht in Zeit, sondern als eine sich bewegenden Veränderung und Entwicklung, als eine Folge vielfältiger, einander verbundener Ereignisse, die selbst kein Zeitverständnis erforderlich machen. Es ist allein das Vermögen des Menschen, sie in sein Zeitverständnis einzuordnen, um jene Ereignisabfolgen zu verstehen.

Es ist der Mensch, der die Lebensdinge mit Zeit verbindet. Seine Zeit verschafft ihm einerseits Ordnung und Struktur, Regelmäßigkeit und Sicherheit und bringt andererseits Effizienz, Wachstum und gesteigerte Lebensqualität mit sich.

Die Natur, lebende wie nicht lebende, die gleichsam über Struktur und Regelmäßigkeit verfügt und *uns* das Bild einer Naturzeit vermittelt, macht Zeit für sich selbst unbedeutend. Die Natur denkt nicht wie der Mensch an oder in Zeiten.

Alles spricht dafür, dass Zeit in Bewegung aufgeht und Zeit sich über Bewegung, Veränderung, Entwicklung bzw. Wandeln erklären lässt, soweit es für das Lebensverständnis und die Lebensgestaltung sinnvoll erscheint.

Wenn wir in Betracht ziehen, Zeit in Bewegung aufzulösen, wie sinnvoll erscheint es, Zeit in unserer Lebenspraxis zu vernachlässigen und sich ausschließlich auf das Bewegende der Lebensdinge zu konzentrieren?

Menschliches Leben zeigt sich im *Er*leben und in der Lebensveränderung. Es ist eine der vielen Bewegungs- und Gestaltungsformen, in der Zeit durch deren Veränderung bzw. Entwicklung involviert ist. Veränderungen des Lebens resultieren aus sich selbst. Sie benötigen weder Zeitparameter noch Zeitbetrachtungen.

Das Leben lebt. Geburt und Tod sind fixierte Lebenspunkte, zwischen denen das Leben *lebt.* Zwischen ihnen finden Wachstum, Persönlichkeitsentwicklung, Erwachsenwerden und Altern statt. Sie zeitlich einzuordnen entspringt der menschlichen Zivilisation, dem technischen und gesellschaftlichen Fortschritt, um so das Leben in der Gesellschaft beherrschbar zu machen.

Diese Entwicklung ist das Resultat einer vom Menschen begründeten Gesellschaftlichkeit (Sozialisation) und hervorgebrachten Technikentwicklung. Insofern ist der Mensch hinsichtlich seines Zeitverständnisses das Ergebnis seiner von ihm selbst zeitdurchdrungenen Lebenswelt.

Wenn von einem *Leben in der Zeit* die Rede ist, so ist sie übersetzt ein Leben in Bewegung. Damit sind zwei Bedeutungen verknüpft. Die *erste* Bedeutung fand bereits oben ihre Erwähnung. Die Geburt ist nicht nur der zeitliche Ausgangspunkt für ein in die Welt hinein getragenes Leben, sondern sie ist der Einstieg in ein *bewegtes* Leben mit seinen Phasen und Entwicklungen. Das Neugeborene fällt mit der Entbindung *in die* Zeit des Lebens, vergleichbar mit einem Stein, der ins Rollen kommt. Das Leben erhält auf seinem Wege seine in Bewegung gesetzte Lebenszeit.

Die *zweite* Bedeutung von *Leben in der Zeit* ist das Leben in der Zeit selbst: Es ist das in Bewegung gesetzte Leben, die ihm gegebene und verfügbare Lebenszeit. Diese hier verfasste Lebenszeit folgt nicht dem tradierten Verständnis, das die Wirkungsmacht von Zeit über das Leben herausstellt.

Zeit gibt hier wie Raum den Rahmen, in dem sich das Leben abspielt. Leben und Zeit treffen sich hier und sind von nun an auf das Engste miteinander verbunden. Dieser Zusammenfluss von Leben und Zeit ist nur deshalb möglich, weil das Leben *bewegt* ist, weil alles Leben sich als *Bewegung, Veränderung, Entwicklung* darstellt. Alles Leben ist über seine Bewegtheit und Veränderlichkeit stets eine Begegnung *in* der Zeit. Doch diese Zeit *ist* Bewegung, das Leben in Veränderung und Entwicklung selbst.

Zeit-Denkstrategie 3: Dieser Gedankengang zielt gleichsam auf das Mensch-Zeit-Wirkungsmacht-Dilemma – nur viel durchdringender und differenzierter. Sie ist der Versuch, die bisherigen Lebenszeit-Überlegungen in einem Kompromiss zu bündeln.

Folgende Ausgangsthesen, die bereits vorangestellt ihre Erwähnung fanden, liegen der weiteren Betrachtung über Zeit in unserer Lebenswirklichkeit zugrunde: *Erstens*. Zeit existiert objektiv-real. Alles Wirkliche, alles Leben wird dieser Zeit als Eigenschaft zugeordnet. *Zweitens*. Zeit ist zugleich eine vom Menschen über die Technik erfundene Zeit, die in den Uhrwerken ihr menschlich geschaffenes Abbild findet. Die Mensch-Zeit-Wirkungsmacht-Beziehung ist menschengemacht und zeigt sich in einer Gegensätzlichkeit. *Drittens*. Der Mensch befindet sich in einem Zeit-

Umgangs-Dilemma. Es drückt sich in Zeitohnmacht und Zeitwirkungsmacht aus. Der Weg zu einer gebotenen Auflösung könnte sein, den Umgang mit Zeit der Lebenswirklichkeit angemessen anzupassen.

Unter der Voraussetzung, dass a) Zeit vom Menschen als objektreal anerkannt wird, b) von ihm ein natur- und technikbegründetes Zeitbild ausgeht und c) der Mensch über ein subjektiv-emotionales Zeitverständnis und -gefühl verfügt, ließe sich der Umgang mit Zeit in einer Abstufung bzw. Umgangsgraduierung darstellen. Alle Punkte zur Zeit-Mensch-Beziehung liegen dem Verständnis zugrunde und werden von der Leitlinie getragen, dass *Zeit für das Leben und Altern die schönste Nebensache* ist.

Zeit in einer abgestuften Umgangsgraduierung zu formulieren folgt folgenden Eigenschaften:

Leben in Zeitlosigkeit. Zeit wird für die Lebenswirklichkeit nicht in Betracht gezogen. Sie wird als nicht existent angesehen. Alles Leben und menschliche Wirken erfolgt ohne Zeitbetrachtung. Selbst die vom Menschen geschaffene Uhrzeit, die sich auf natürliche Zeitgegebenheiten begründet, wird ignoriert.

Ein zeitloses Leben erscheint angesichts der modernen Welt, selbst in einer indigenen, weltfremd. Die anmutende objektive, relative bzw. künstliche Zeitvergessenheit hat den Vorzug, sich nicht dem modernen Zeitdiktat unterwerfen zu müssen, sich von ihm loszulösen und das Leben lernend den Gegebenheiten der Naturveränderung näher heranzuführen.

Es macht auch Sinn, von einem Leben *mit* Zeitlosigkeit zu sprechen. Die lebenspraktische Verbindung zur Zeitlosigkeit wird deutlich, wenn wir an das Leben derartige Werte bzw. Gefühle andocken wie *Glaube, Hoffnung und Liebe*. Sie sind für uns Menschen omnipräsent, allgegenwärtig. Sie repräsentieren zugleich menschliche Werte, die sich für den Menschen als zeitlos offenbaren und lassen uns in keiner Lebenssituation allein. Der Mensch ist kein Augenblick ohne sie.

Glaube, Hoffnung, Liebe werden in dieser Dreieinigkeit mit dem Göttlichen in Verbindung gebracht. In Gott zeigt sich das ewige Leben. Allgegenwärtigkeit und Ewigkeit sind Eigenschaften, die ihm eigen sind. Sie spiegeln in besonderer Weise eine menschliche wie auch transzendente Zeitlosigkeit wider.

Glaube, Hoffnung und Liebe sind Werte und Eigenschaften des Lebens – sie brauchen keine Zeit. Sollten sie uns nicht in unserer Lebenspraxis zu mehr Zeitgelassenheit anhalten? Im fortgeschrittenen Alter sind sie mehr denn je von hohem Wert.

Ein Leben in Zeitfreiheit. Der alltägliche Zeitdruck, die erlebte Schnelllebigkeit unserer Lebenswirklichkeit, das subjektive, gefühlte Wahrnehmen einer Wirkungsmacht von Zeit lassen das Leben und Arbeiten immer mehr zu einem widerstrebenden Kraftakt werden, der an der Lebensqualität nagt.

Leben in Zeitfreiheit heißt nicht, sich von jeglicher Zeit zu befreien und der Zeitlosigkeit zu folgen. Zeitfreiheit ist die Einsicht in das Erfordernis, sich mehr der Naturzeit zuzuwenden, und die Macht, dem vom Menschen geschaffenen technischen Zeitregime so weit wie möglich Grenzen zu setzen. Zeitfreiheit heißt, sich im Lebensalltag von der Mensch-Zeit-Wirkungsmacht zu befreien und das Dilemma von Zeitmacht und Zeitohnmacht aufzulösen.

Machen wir uns frei von einer Zeitgebundenheit, die uns das Leben erschwert. Geben wir dem Leben nicht Zeit, sondern schenken wir ihm Lebensinhalte mit Qualität. Darunter ist zu verstehen, das Leben und mit ihm das Altern mit *Güte* zu füllen.

Für unsere Lebensbewältigung erscheint es hilfreich, einer höchst nötigen und nicht einer maximal möglichen Zeitverinnerlichung zu folgen, mit der der Mensch Gefahr läuft, von der Zeit beherrscht zu werden, und durch die das Leben von Zeitmacht und Zeitohnmacht bestimmt ist.

Das Leben so weit wie möglich von dem Machteinfluss von Zeit wegzubewegen, ihr die Wirkungsmacht zu nehmen, die ihr der Mensch selbst gab, kann ein tagtägliches Lebensziel sein.

Unser Lebensalltag gibt uns den Raum für die Schaffung von Zeitfreiheit. Die junge X- und Y-Generation schickt sich an, dem Leben neue freiheitliche Zeitakzente und der Zeitmacht Grenzen zu setzen.

Leben in Zeitgelassenheit. Es ist ein Leben, das Zeit in seiner Objektivität und Subjektivität anerkennt. Der Mensch folgt dem Lebensgeschehen, das Zeitmacht so viel wie nötig (und nicht so viel wie möglich) einbindet, mit Gelassenheit umzugehen.

Gelassenheit und Achtsamkeit sind Lebens- und Verhaltenseigenschaften, die uns unterstützen, zunehmend die Zeit aus dem Leben auszublenden und deren Wirkungsmacht zurückzudrängen.

Zeitgelassenheit ist eine Einstellung und Fähigkeit des Menschen, das im Lebensalltag wahrnehmbare Wechselspiel von Zeitmacht und Zeitohnmacht, das zu einem Mensch-Zeit-Wirkungsmacht-Dilemma führt, anzunehmen und resilient zu bewahren.

Zeitgelassenheit im Leben ist ein Leben im Guten. Die menschliche Weltsicht ist auf Zeit eingestellt. Es geht nicht darum, Zeit in welcher Denk- und Handlungsform auch immer, zu verbannen, sondern in der Akzeptanz von Zeit eine innere Haltung zu entwickeln, die dem Menschen hilft, einerseits Zeit mit Respekt und andererseits mit mental-emotionaler Gelassenheit zu begegnen. Das Phänomen

Zeit findet seine gedankliche Verinnerlichung, ohne dass sie die Macht hat, menschliches Denken und Verhalten zu bestimmen. Man könnte sagen: Zeit ist da und wir lassen wieder von ihr los. Zeitgedanken kommen, von denen wir uns auch wieder gelassen verabschieden können.

Das macht Mut zu den folgenden zusammenfassenden Schlussgedanken, sie in das praktische Leben einfließen zu lassen:

Erkenne in der vom Menschen konstruierten technischen Zeit einen natürlichen wie praktischen Beweggrund.

Es geht nicht darum, dem Leben Zeit zu schenken. Als Existenzform betrachtet, befindet sie sich für den Menschen außerhalb jeder freien Verfügbarkeit. Es geht auch nicht darum, mit Zeit Leben zu schenken. Keine Zeit erschafft Leben. Sie kann es nicht, weil sie auf Grund ihrer Existenzweise weder ge- noch erlebt werden kann. Darüber verfügt nur das Leben selbst.

Das Leben trägt seinen Wert in und mit sich, frei von jeglicher Zeitein- und -zuordnung. Löse seinen Wert von jeglicher vorherrschenden Zeitmacht. Das Leben selbst trägt seine Mächtigkeit.

Alle menschliche Kraft, Zeit beherrschen zu wollen, führt das Leben in eine wachsende Ohnmacht. Deshalb mache das Leben so weit wie möglich zeitfrei, ohne das Leben von der Zeit loslösen zu wollen und zu können. Schenke dem Leben Qualität, Inhalte, statt es an Zeit zu binden.

Die Lebensqualität ist eine Eigenschaft bewegten Lebens. Es zeugt von einem *Er*leben. Das Leben zu *er*leben braucht keine Zeit, sondern Veränderung und Entwicklung. Sie sind nur möglich, wenn wir uns darauf besinnen, lebensgestaltend nach außen (Lebensumfeld) und nach innen (Körper, Geist und Seele) zu sein.

Die Umbewertung der bisherigen Zeitsicht, die Zeit zu einer Wirkungsmacht der Moderne und Spätmoderne aufsteigen ließ, ist eine dringliche Aufgabe, sich wieder auf das Leben und die unmittelbare Lebenswirklichkeit des Menschen zu besinnen, statt sich von wahrgenommenen Zeitmächten gefangen nehmen zu lassen.

Es ist nicht wenig Zeit,
die wir zur Verfügung haben,
sondern es ist viel Zeit,
die wir nicht nutzen.

Lucius Annaeus Seneca (1–65 n. Chr.)

ALTER*N* BRAUCHT *K*EINE ZEIT

Jeder Mensch weiß es: Wir werden älter. Der jährliche Geburtstag erinnert uns daran, das Zählen der Lebensjahre nicht zu vergessen. Sie sind zeit- und lebensgebundene Marker, an denen wir uns orientieren und die wir miteinander vergleichen. Es geht um Jahre davor und um Jahre danach.

Mit zunehmendem Alter wächst der Stolz auf wachsende Lebensjahre. Er wird begleitet von Demut, nicht selten mit Wehklagen, wenn uns bewusst wird, dass uns ein nicht gelebtes Leben einholt.

Dieses Bedauern begleitet viele Menschen. Wodurch ist es begründet? Finden wir darauf eine Antwort?

Der Blick auf das Alter und Altern ist keinesfalls ein neuzeitliches Phänomen. Darüber konnte schon Seneca jr. (1–65 n. Chr.) berichten und schreibt in „Von der Kürze des Lebens" (De brevitate vitae): „1. Die meisten Menschen […] beklagen sich über die Missgunst der Natur: Nur für eine kurze Spanne Zeit werden wir geboren, und diese zugestandene Frist läuft so rasch, ja rasend schnell ab, dass das Leben die Menschen, mit nur wenigen Ausnahmen, verlässt, während sie sich gerade im Leben einrichten. […] Aber nein, wir haben keine zu geringe Zeitspanne, sondern wir haben viel davon vergeudet. Lang genug ist das Leben und reichlich bemessen auch für die allergrößten Unternehmungen – wenn es nur insgesamt gut angelegt würde. Doch sobald es in Verschwendung und Oberflächlichkeit zerrinnt, sobald es für keinen guten Zweck verwendet wird, dann spüren wir erst unter dem Druck der letzten Not: Das Leben, dessen Vergehen wir gar nicht merkten, ist vergangen. [...] Wir haben keine kurze Zeit empfangen, sondern es kurz gemacht; keinen Mangel an Lebenszeit haben wir, sondern gehen verschwenderisch damit um."[14]

Senecas Gedanken führen Altern und Zeit zusammen. Sie lassen zwei Wege des Überlegens zu: Der eine ist, dass der Mensch nicht in der Lage ist, Zeit als Lebenszeit bewusst für sein Leben nutzbringend und sinnvoll einzusetzen. Damit verpasst der Mensch, dem Leben seinen Wert zu geben, weil es mit seinem Dasein per se nicht wertlos ist, selbst dann nicht, wenn es als wertfrei zu betrachten ist.

Der andere Gedanke ist bestimmt durch Sorglosigkeit oder von derartiger Leichtigkeit des Lebens, die die Lebenszeit außer Acht lässt. Doch mit der Späte des Lebens dringt diese sogenannte Gedankenlosigkeit ins Bewusstsein und das Wehklagen nimmt seinen Lauf.

Senecas Zeitbetrachtung über das Leben wirft Fragen auf: Braucht das Altern ein Zeitverständnis? Lässt sich das Altern auch ohne Zeit denken?

Diesen Fragen nachzugehen scheint absurd und absolut fehlschlüssig zu sein. In unserem Alter*n*sverständnis war Zeit immer präsent und mitgedacht. Warum sollte das jetzt anders sein? Es gibt keinen hinreichenden Grund, das Leben und das Altern *ohne* Zeit zu denken. Und dennoch käme es auf einen Versuch an. Den Grund dafür sehe ich im menschlichen Umgang mit Zeit. Beobachten wir den Alltag und das Arbeitsleben, erhalten wir nicht nur den Eindruck, sondern erfahren unmittelbar, wie Zeit unser Leben „auf-

---

[14] Reclam, Nr. 11105, Stuttgart 2017, S. 9 f.

frisst". Alles wird der Zeit untergeordnet. Alter und Altern – stets stehen sie in einem zeitlichen Kontext. Deshalb nochmals nachgefragt: Können wir das Alter*n* auch ohne Zeit denken und erleben? Ist ein Altern möglich, ohne immer die Zeit im Nacken zu haben?

Der Titel dieses Kapitels schlägt uns förmlich ins Gesicht: *Altern braucht keine Zeit*. Es ist schon der Titel des Buches, der noch deutlicher die Zeitbotschaft über das Altern vermittelt: *Altern kennt keine Zeit*.

Bevor wir uns an das Erklären dieser beiden Aussagen heranwagen, ist es angebracht, auf das einzugehen, was unter Alter und Altern zu verstehen ist.

Der ideengeschichtliche Blick kann uns den Zugang zu deren Klärung wesentlich erleichtern.[15] Sich selbst auf den Weg zu machen, über das Alter und Altern nachzudenken, und einen ganz persönlichen Zugang zu diesem Thema zu finden, erachte ich als ebenso hilfreich. Das macht Sinn, weil es den Blick auf das eigene Leben schärft und die philosophiekritische Sicht auf das Alter*n* unterstützt.

Wikipedia lässt uns unter dem Stichwort „Alter" wissen: „Unter dem *Alter* versteht man den Lebensabschnitt rund um die mittlere Lebenserwartung des Menschen, also das Lebensalter zwischen dem mittleren Erwachsenenalter und dem Tod. Das Altern in diesem Lebensabschnitt ist meist mit einem Nachlassen der Aktivität und einem allgemeinen körperlichen Niedergang (Seneszenz) verbunden." Unsere Alltagssprache greift auf dieses Verständnis zurück. Alt und Alter schließen nicht die ganze Lebenszeit ein, sondern wie es heißt, einen Lebensausschnitt. Das Alter*n* beginnt nach dieser Bestimmung

---

[15] Verwiesen sei u. a. auf Platon, Aristoteles, Cicero, Seneca, Musonius, Montaigne, Schopenhauer, Grimm, Bloch, Hesse oder Simone de Beauvoir. (vgl. Gutes Leben im Alter. Die philosophischen Grundlagen, hrsg. v. Thomas Rentsch, Morris Vollmann, Reclam, Stuttgart 2017)

in einer Lebensphase, in der die jugendliche Frische verloren gegangen und die biologische Fortpflanzung nicht mehr thematisiert ist. Dieses Alter führt uns zu einem Lebensabschnitt, in dem vergangenes Leben mit Wehmut betrachtet wird und man beginnt, sich zunehmend Gedanken über das zukünftige Alter zu machen.

Das erklärt, dass, wenn man fragen würde, was ist oder wann ist jemand alt, die Antworten auf Lebensjahre zielen, die mit beginnenden körperlichen Einschränkungen in Verbindung gebracht werden.

Das Englische „alter" folgt keineswegs dieser Bestimmung. Im Langenscheidt (vgl. Wörterbuch, Englisch, 1. Teil, Berlin, München 1990, S. 31) steht *al·ter* I für (ver-, ab-, um-) ändern; II: sich (ver)ändern; *al·ter·a·ble* veränderlich, *al·tera'tion* Änderung, Ver-, Ab- bzw. Umänderung. Von einer zeitlichen Begrenzung oder einem Zeitabschnitt ist hier nicht die Rede. Alter zielt auf „Änderung". Alter wird weder auf einen zeitlichen Lebensabschnitt noch auf eine körperliche Immobilität reduziert. *Änderung* heißt Wandel in und zu *jeder* Lebenszeit eines Menschen. Dieser beginnt spätestens mit dessen Geburt, wenn nicht auch schon davor, bis zu seinem Tod.[16]

Für Veränderung im Alter gebrauchen wir das Wort Altern. Es bringt das Prozesshafte, das Verändernde menschlichen Lebens zum Ausdruck. Hier zielt der Erklärungsansatz des Alters darauf, das Alter nicht erst mit dem fünften oder sechsten Lebensjahrzehnt anzusetzen, wenn sich die ersten signifikanten Gebrechlichkeiten einstellen, sondern Alter *ist* weit früher anzusetzen, beginnend mit dem Leben selbst.

Biologisch betrachtet ist diese Sicht per se gerechtfertigt. Das Le-

---

[16] Der Vollständigkeit halber sei erwähnt, dass für Alter bzw. Lebensalter das englische Wort „*age*" zur Verfügung steht. (vgl. a.a.O., S. 27). Es drückt auch „Reife", „alt werden" und „altern" aus. Letzteres führt uns wieder zu *alter*, was m. E. an den oben formulierten Aussagen wenig ändern würde.

ben zeigt sich in natürlicher Veränderung, im Entstehen und Werden, im Wandel und Tod. In unserer Alltagssprache scheuen wir uns nicht, Lebensjahre bei Kindern und Jugendlichen in Jahren zu zählen und deren Alter zu benennen. Wir feiern den wiederholten Geburtstag und nicht das neue Alter. Wir zählen die Jahre, fixieren das Alter und lassen auf dieser Art und Weise kleine Erdenbürger alternd groß und stolz werden.

Das englische „alter", das nicht das Alt*sein*, sondern viel mehr das Alt*werden* betont, lässt eine Alterserklärung zu, die den statischen Altersbegriff in einen dynamischen umwandelt. Anders formuliert: Es macht nur Sinn, das Alter über das Altern zu definieren. Aus diesem Blickwinkel ist *Alter* ein zeitlicher Knotenpunkt, ein Zählmaß *im* Altern. Das Alter zeigt sich als Zeitmarker des Lebens.

Das Alter ist auch aufgewickeltes Altern, mit dem ein über die Zeit gewordener Alternsfixpunkt beschrieben wird. Alter ist im Leben zeitlich geronnenes Altern. Insofern haben wir mit dem Altern das alljährlich gezählte Alter aufgespult. Das aufgerollte Lebensband kommt einer Perlenkette von aufgereihten Zeitpunkten, von Meilen- bzw. Zeitsteinen des Lebens gleich.

Das Alter steht für einen zwischenzeitlichen Entwicklungsstand einer Alterung bzw. eines Älterwerdens.

Wir finden mit der Bestimmung des Alters über das Altern einen objektiven, natürlichen Zugang zum Alter. Das bedeutet aber auch, dass die Erklärung, was Alter ist, sich im Alternsverständnis auflöst. Anders formuliert: Es gibt nur das Altern, weil Alter stets als Fixpunkt, als Negation daherkommt. Altern ist fortschreitendes Alter mit aufsummierten Alterspunkten. Altern zeigt sich in Veränderung, in der Entwicklung des Lebens. Altern und Leben sind unzertrennlich miteinander verbunden. Es ist eine Eigenschaft, die dem Leben zukommt. Das Altern offenbart sich als lebendiges, fortschreitendes

Leben, was auch heißt: *Das Leben altert.*

Das Altern ist fortschreitendes Leben und bewegt sich von einer Lebens(zeit)stufe zur nächsten. Es verfügt über eine Dynamik, das Alter zu wandeln. Altern ist das Schwinden und Erscheinen des Alters. Indem das Altern neues Alter erzeugt, löst es das alte ab. Jede Altersauflösung bringt im Altern neues Alter hervor. Es ist das Aufheben des Werdens (von Alter im Altern), von dem Gottfried W. F. Hegel (1770–1832) in seiner *Wissenschaft der Logik* spricht.[17] Die dialektische Auflösung des Alters in ein Altern, das uns zum Grund des Lebens führt. *Altern ist Leben – Leben ist Altern.*

Die *erste These* über das Alter ließe sich als Fazit wie folgt formulieren: Das Alter ist fixiertes Altern und löst sich in ihm in der Lebenszeit auf.

Die Schlussfolgerung ist, wenn das Alter lediglich ein im Altern gewordener, aufgehobener Fixpunkt ist und für die Alternsbetrachtung eher untergeordnet scheint, schenken wir in unserer Alltagsbetrachtung dem Alter mehr Beachtung als ihm gebührt. Aus welchem Grunde machen wir das?

Es ist die innere tiefe menschliche Sehnsucht nach *Lang*lebigkeit, dem Alter*n* Zeit abzuringen. Es ist der wohlgemeinte Blick auf das vergangene Leben, ihm mit Stolz viele Lebensjahre abgerungen zu haben. Zugleich ertappen wir uns dabei, Lebens*zeit* aus unserem Gedächtnis zu verbannen, weil die gemachte Erfahrung schmerzt, wie das Leben in und mit Zeit ver- und zerrinnt und wir einem zeitlichen Lebensende nichts entgegenzusetzen haben.

Es mag paradox klingen und der obigen Überlegung widersprechen, dass sich das Altern letztlich im Altern aufhebt. Die menschli-

---

[17] Vgl. Teil 1, Erstes Buch, Erster Abschnitt, Qualität, 1. Kap. Sein, 3. Aufheben des Werdens

che Abwehr des Altseins führt zugleich zur Abwehr des Altwerdens. Es ist unmöglich, sich aus diesem Dilemma zu befreien. Die Alternsverstrickung bleibt.[18]

Die *zweite These* für einen Diskurs über das Alter heißt: Das Alter ist ein vom Menschen erzeugter, im Vergleich zu sich selbst und zu anderen Menschen gesetzter Fixpunkt in der Zeit. Das Altern bestimmt das Alter. Unser Blick ist vielmehr auf das Alter statt auf das Altern gerichtet. Dieser Blick verschließt uns die ungetrübte Sicht auf das Altern. Das Altern wird im Alter gesehen und nicht umgekehrt.

Diese Ansicht ist aus alltäglich-menschlicher Sicht nachvollziehbar. Der Mensch hat sich die Natur mit seinem Hinzutun zum Vorbild seiner Altersbetrachtung gemacht. Das heißt, wir können das Alter anhand eines von der Natur gebotenen und vom Menschen aufgegriffenen Bewegungsrhythmus bestimmen.

Wir zählen das Alter in Jahren. Das Jahr ist fixiert durch die einmalige Umkreisung der Erde um die Sonne. Wir summieren das Jahr zeitlich in zwölf Monate auf. Ein Monat entspricht in etwa der einmaligen Umrundung des Mondes um die Erde. Der Monat zerfällt in Tage. Ein Tag ist definiert als die einmalige Selbstbewegung der Erde um die eigene Achse.

Es ist ein vom Menschen beobachteter naturgebundener Bewegungsrhythmus, den er in seiner Lebenszeit verinnerlicht hat. Wir sagen, der Mensch ist nach der Geburt Stunden oder Tage alt. Seine Lebenszeit gewinnt an Monaten; und später sprechen wir von einem

---

[18] Ungeachtet dessen hält der Mensch an dieser Lebenszeitverstrickung fest. Die Hoffnung, dass sie sich doch noch erfüllt, ist nicht ganz unbegründet. Die gegenwärtige und weiterhin zu erwartende Altersforschung ist auf dem Weg, alles dafür zu tun, das Leben (Altern) zu verlängern, zu verzögern bzw. umzukehren. Vgl. David A. Sinclair: Das Ende des Alterns. Die revolutionäre Medizin von morgen, DuMont Verlag, Köln 2019

Alter in Jahren. Mit jeder weiteren Erdumkreisung schlagen wir mit der Wiederkehr des Geburtstages ein weiteres Jahr drauf. Das Alter wächst zahlenmäßig; und mit dem weiteren Aufzählen der Lebensjahre *altern* wir – jahrein und jahraus.

Die gezählten Altersjahre führen uns letztlich zu dem, was das Alter in der Zeit ist: zum *Altern*. Das Alter dokumentiert das Leben in Bewegung, in Veränderung. Altern ist werdendes, wandelndes Alter. Das Alter *ent*wickelt[19] sich. Es entsteht Altern. Altern ist die immer wiederkehrende Überwindung des Alters an einem zeitlich fixierten Knotenpunkt.

Lassen Sie sich auf ein *Gedankenexperiment* ein! Ich nenne es „*Alt werden wie Methusalem*". Stellen Sie sich vor, Sie können auf fast 1.000 Jahre Ihres Lebens zurückblicken und haben das stattliche Alter wie Methusalem[20]. Sie wären mit dieser Lebenszeit wie die Götter fast unsterblich. Es wäre ein Leben gefühlter zeitlicher Unbegrenztheit. – Wie würden Sie sich unter diesen Bedingungen verhalten? Was wäre im Vergleich zu einer heutigen Lebenserwartung zwischen 80 und 90 Jahren anders?

Es gäbe Zustimmung und Ablehnung, oder es würden an das Methusalem-Alter zusätzliche Voraussetzungen geknüpft. Das bedeutet, wir *takten* unsere mit dem Leben verfügbare Zeit und richten sie diesbezüglich aus. Das bedeutet aber auch, dass es Menschen gibt, die für ihr Leben keine Zeitperspektive benötigen. Zeit wird von ihnen im Leben als unbedeutend angesehen. Das Leben braucht kei-

---

[19] *Das Alter entwickelt sich* ist sprachlich nicht ganz korrekt, wenn wir das *Ent*wickeln als ein *Ab*wickeln verstehen. Unser Leben in Jahren aufgezählt ist im Grunde nach ein *Auf*wickeln. Wir häufen mit unserem Leben aneinander gereiht Lebensjahre an.

[20] Methusalem wird im Alten Testament erwähnt. Ihm wird ein stattliches Alter von 969 Jahren nachgesagt. Siehe Genesis 5,21 - 27

ne Zeit, weil die Zeit sich im Leben, in seinem Entstehen, Werden und Vergehen aufhebt.

Die Bedeutung und praktische Anwendung von Zeit wird primär durch die Gesellschaft, Ökonomie und Verwaltung bestimmt. Sie heben die Zeit aus ihrer Natürlichkeit, d. h. aus der Regelmäßigkeit des Naturwandels heraus. Menschen geben der Zeit, der in der Natur begründeten Regelmäßigkeit, ein eigenes, *menschliches* Gesicht. Der Mensch gibt der Zeit eine ihm sinnstiftende und alltagstaugliche Struktur. Insofern verleibt er sich die Zeit trotz Unverfügbarkeit ein, indem er sie aus der Natur in den Stand des technisch Handhabbaren hebt.

Ich lade Sie zu einem weiteren *Gedankenexperiment* ein: *„Der Schleier des Unwissens"*. Stellen Sie sich vor, Sie wissen nicht, wie alt Sie sind. Sie werden es in Ihrem Leben auch nicht erfahren. Deshalb können Sie das Altern weder zählen noch messen. Ihnen fehlt außerdem die Kenntnis darüber, ob Sie sterblich sind bzw. einmal tot sein werden. Sie haben keine Vorstellung von zeitlicher Lebensendlichkeit. Sterben und Tod kennen Sie nicht. Ihnen fehlt die Erfahrung über Krankheit und Gesundheit. – Wie würde vor diesem Hintergrund Ihr Leben aussehen? Wäre es anders als mit dem Bewusstsein von eigener Sterblichkeit? Lässt sich überhaupt das Alter*n* unter diesen Bedingungen *so* denken?

Es wird uns sicherlich schwerfallen, sich darauf einzulassen. Es ist für uns Menschen der Moderne ungewöhnlich, in einer derartigen Lebenssituation zu sein. Dennoch gibt es sie. In Südamerika leben indigene Völker, deren Menschen nicht wissen, wie alt sie sind. Insofern macht es keinen Sinn, die Lebensjahre zu zählen. Sie leben ihr Leben ohne Kalender mit der Natur.

Macht das fehlende Wissen über eine in Jahren messbare Lebenszeit den Menschen unglücklich(er)? Würde es einem Verlust an Lebensqualität gleichkommen?

Wert und Sinn des Lebens werden offensichtlich nicht durch (gezählte) Lebensjahre bestimmt. Unser Leben wird mit einer Geburtsurkunde, den alljährlichen Geburtstagsfeiern und einem Totenschein weder gut noch besser. Hier offenbart sich die Nichtigkeit von Zeit im Leben. Sie hilft, unser Leben dokumentarisch und die Gesellschaft zu verwalten. Uns selbst nützt sie wenig; im Gegenteil: Leben in der Zeit wird in unserer Moderne ein Wettrennen mit der Zeit. Der moderne Mensch in Zeiten der Globalisierung und Digitalisierung lebt in dem Glauben der Zeitverfügbarkeit und -gestaltbarkeit. Er bindet den Wert des Lebens an Zeit, weil er annimmt, mit seinem Verhalten über sie zu verfügen. Je stärker er sich in dem Glauben wähnt, die Herrschaft über die Zeit zu haben, desto mehr beherrscht die Zeit ihn.

Bringen uns die beiden Gedankenexperimente auf den Pfad menschlicher Lebens- und Alternstugend, dann kann die These heißen: Es gibt kein Leben in und mit der Zeit. Das Leben ist frei von Zeit und zugleich in voller Bewegung und Veränderung. Die Zeit im Leben ist ohne Bedeutung und Sinn. Das Hineindenken von Zeit in das Leben verleiht dem Leben einen eher unmenschlichen Schrecken. Wir sollten das Leben von dem Zeitdenken loslösen. Indem wir Zeit im Leben als bedeutungslos erklären, können wir uns auf das Leben selbst konzentrieren. Leben ist Leben in Veränderung – fernab jenes Zeitdenkens.

Ein von der Zeit befreites Leben gibt der Lebenszeit das, was es ist: ein *bewegtes* Leben. Wir fokussieren uns auf das, was das Leben in seinem Sein und Werden ausmacht. Wir geben dem Leben den Wert, den es verdient: im Guten, in und mit Güte gelebt zu werden. Wir nehmen dem Leben den Schrecken der Zeit, zeitlebens unter andauerndem Zeitdruck zu stehen, der uns krank macht und unser

Leben deformiert.

Kritiker dieser These mögen entgegenhalten: Ein Leben so zu denken macht es fremd und alltagsuntauglich. Der Mensch habe sich nicht ohne Grund *seine* (technische) Zeit geschaffen, um bewusst und gezielt sein Leben in Fortschritt und Wohlstand leben zu können. Kein Mensch würde heute ein Leben „ins Blaue" leben wollen. Ohne Zeitdenken hätte es keinen Fortschritt in der Gesellschaft gegeben. Ohne die vom Menschen geformte Zeit würde das Leben in einem ungeordneten Chaos versinken.

Diese Kritik ist nicht ohne Weiteres zu entkräften. Jenes Szenario ist nachvollziehbar. Es wäre töricht und entbehrt jeder Entscheidungs- und Handlungsgrundlage, die Uhren aus unserem Leben zu entfernen. Wir wissen aber auch, dass diese subjektive, menschlich konstruierte Zeit das heutige Leben des Menschen nicht leichter macht.

Das Leben des Menschen hat sich zu einer Zeiteinheit degradiert und durchgehend chronofiziert. Wir ordnen das Leben der Zeit unter. Das Leben löst sich in der Zeit auf.

Aus welchem Grunde tun wir das? Wir alle glauben zu wissen, dass Zeit auch nach unserem eigenen Leben existent ist. Oder sollten wir vielleicht besser davon ausgehen, dass es nicht die Zeit ist, die unser Leben tragen und bestimmen sollte, sondern die Tatsache, *wie* wir unser Leben in Güte und im Guten bewegt und lebendig halten?

Zeit *im* Leben offenbart ein vom Menschen geschaffenes und despotisches Konstrukt. Sich ihm mit aller Macht entgegenzustellen wäre absurd und lebensfremd zugleich. Gegen die vom Menschen gemachte, künstlich getaktete Zeit ist insofern nichts einzuwenden, solange wir uns dieser Konstruktion bewusst sind und uns nicht von ihr beherrschen lassen. Wir kommen aus diesem Zeitdilemma nur heraus, wenn es uns gelingt, *Zeit* anders zu denken als sie technisch konstruiert ist. Wir brauchen einen Perspektivwechsel über und auf die Zeit: Es ist Zeit, dass der Mensch sich selbst der verordneten Wirkungsmacht von Zeit entzieht und sie als das anerkennt, was sie ist: Resonanzboden und Denkrahmen des Lebens.

Zeit des Alterns und Altern in der Zeit. Schließen wir zur Kernfrage auf: Brauchen wir, um gut alt zu werden, ein adäquates, alternsbezogenes Zeitverständnis oder können wir darauf verzichten?

Die Antwort lässt sich m. E. finden und ist am besten nachvollziehbar, wenn wir der These folgen: Leben heißt Altern. Lebenszeit ist Alternszeit.

Diese Aussagen sind unmissverständlich formuliert. *Das Leben altert* bedeutet, dass es mit und in der Zeit einer Veränderung unterliegt. Wir sagen: „Ich bin alt bzw. älter *geworden*" oder „Ich bin in die Jahre gekommen", was heißt, dass ich mich mit der Zunahme an Lebensjahren verändert habe. Das Altern beschreibt einen Prozess der körperlichen, geistig-kognitiven und sozialen Veränderung.

Mit der *Zeit des Alterns* manifestieren wir einen besonderen Lebensabschnitt. Wenn wir sagen: „Es ist die Zeit des Alterns angebrochen", bringen wir zum Ausdruck, dass unser Leben in eine Phase eingetreten ist, der wir Alternsmerkmale wie verminderte Mobilität, Nachlassen der kognitiven Fähigkeit etc. zugrunde legen.

Mit dem *Altern in der Zeit* geben wir dem Altern eine zeitliche Dimension. Wir schenken dem Altern Zeit, weil wir das Leben selbst in Tagen, Monaten, Jahren messen. Hier fallen die Altersmerkmale weniger oder gar nicht ins Gewicht.

Folgen wir diesem Gedanken, ist Leben ein Leben in Bewegung. Dieser Bewegung (Leben) haben wir eine Zeit gegeben. Das bedeutet für das Altern: Altern ist bewegtes, verändertes, gestaltetes Leben.

Das Altern lebt von der Bewegung des Lebens und nicht von der Zeit. Altern ist Lebenswerdung, der wir aus menschlicher Sicht und der Ordnung halber ein strukturiertes Zeitgesicht gaben. Das Altern ist naturgemäß wie das Leben selbst. Dem Leben Jahre zu geben ist ebenso menschenbezogen wie das Altern in Jahren zu messen.

Das bedeutet, wir altern nicht mit der Zeit, sondern wir altern mit der Bewegung, mit den Veränderungen in unserem Leben. Das bedeutet auf das Altern bezogen weiterhin, dass wir nicht nur dem Leben, sondern auch dem Altern den zeitlichen Schrecken nehmen können, indem wir es von Zeit loslösen.

Dem Altern ab fünfzig oder auch schon viel früher wird der Kampf angesagt. Es ist eine zeitliche Ansage, die der Mensch immer verlieren wird. *Erstens* wird der Mensch sich nicht von seinen Altersrechnungen lossagen. *Zweitens* hat das Altern seine *bewegte* Zeit in Gestalt von Lebensveränderung. Dem bewegten Altern widerfährt eine Gegenbewegung, nicht um dem Leben Bewegung zu schenken, sondern um sich dem eigenen Älterwerden entgegenzustellen. Älterwerden ist der Machtkampf zwischen Mensch und Natur, der das Ziel hat, der Natur das Altern zu entreißen und sie für sich beherrschbar zu machen.

Der Kampf gegen das Altern, gegen die Natur des Werdens und Vergehens, hört erst auf, wenn wir unsere Jahre des Alterns in die Nichtigkeit (Bedeutungslosigkeit) verbannen und das Altern als ein von Natur aus bewegtes Leben anerkennen. Wie befreien das Leben und Altern von *ihrer* Zeitgebung und nehmen ihnen den allzu menschlichen Schrecken.

Wir entsagen uns so weit wie möglich von der Zeit, indem wir der Zeit ihre vermeintliche Wirkungsmacht entziehen. Wir konzentrieren uns auf das Leben, auf das Leben im Alter*n*. Das bedeutet, das

Leben in und mit seiner Alterung anzunehmen, dem Alter*n* zu jeder „Lebenszeit" Lebenssinn und Lebensqualität zu schenken.

Wir ändern mit diesem Denkansatz nicht die natürliche Kraft und den Verlauf des Alterns. Es fühlt sich dennoch beruhigend und entspannt an, beim Erlebnis *Altern* nicht mehr unter Zeitdruck zu stehen. Das Altern bekommt seinen natürlichen Freilauf.

Das begriffliche Verständnis des Alters und Alterns wird mit dem Hegelschen Aufheben des Werdens in einer sprachlich formulierten Doppelsinnigkeit in Verbindung gebracht.[21]

Natürlich versuchen auch andere Wissenschaften bzw. Fachgebiete, die mit dem menschlichen Alter und Altern in Berührung kommen, ihre Sichtweisen und Erklärungen einzubringen, die Ausgangspunkt für weitere Überlegungen werden.

Die Psychologie spricht von einem subjektiven Alter. Das Alter wird gefühlt und wir sagen: „Ich bin so alt, wie ich mich fühle". Die Ökonomie macht das Alter von der Leistungskraft eines Arbeitnehmers abhängig. Die Rentenversicherung schafft das Übrige: Alt ist der, der in Rente geht. Politik und Gesellschaft machen das Alter primär an der Zeit vor und nach dem Rentenbeginn fest. Die Biologie knüpft es an die Fortpflanzungsfähigkeit. Die Medizin knüpft das Alter an das menschliche Gesundheits-Krankheitspotenzial. Physik und Technik binden das Messen eines Alters an natürlichen Verschleiß und Gebrauch.

Das Alterskriterium folgt nicht dem Altern, dem jedes Alter zugrunde liegt, sondern dem vom Menschen selbst gesetzten Altersmaß.

Solange das Werden von Alter nicht außer Acht gelassen wird, ist dem nicht zu widersprechen. Die Reduktion des natürlichen Alterns

---

[21] Vgl. G. W. F. Hegel a. a. O.

auf ein fixiertes Alter hingegen nimmt uns die Möglichkeit, das Alter als einen historischen Moment, als einen Wimpernschlag des Alterns zu betrachten. Umgekehrt reicht es nicht aus, das Leben auf das Alter zu reduzieren, das als Zeitpunkt des Lebens erscheint.

Die Frage nach dem Sinn des Lebens ist also *nur* über das Altern und nicht über das Alter zu beantworten. Altern ist der lebendige, natürliche Ausdruck des Lebens, der uns den späteren Zugang zur Frage nach dem Sinn des Alterns erschließt.

Als wenig hilfreich erscheint die *Gegenüberstellung von Jung und Alt*, die formal gegensätzlich die Ausschließlichkeit der beiden Altersmerkmale betont: alt ist nicht jung – jung ist nicht alt. Es werden lediglich Alterszeiten gegenübergestellt, wie wir sie aus unserem alltäglichen Sprachgebrauch kennen. Es ist ein Konstrukt, um den Altersunterschied an gelebten Jahren zu verdeutlichen. Alternsbezogen bleibt jung auch alt an *auf*gewickelten Lebensjahren.

Wollen wir das Altern dennoch in Jung und Alt festhalten, so ist das gleichsam ein von uns Menschen geschaffener Anhaltspunkt, das Altern zeitlich zu ordnen.

Sind die Twenties verlebt, wendet sich das Altern in ein Alter. Von Jungsein ist dann kaum noch die Rede, es sei denn, der, die bzw. das Alte wird als Vergleich herangezogen.

Mit dem *demografischen Wandel* heben wir das Altern in einen psycho-sozio-ökonomischen Kontext. Mit ihm haben solche Begriffe Einzug gehalten wie *Veralterung* oder *Entjüngung* (in) der Gesellschaft. Hier wird das gesellschaftspolitische Altern philosophisch aufgeschlossen.

Seit Jahren pfeifen es die Spatzen von den Dächern: Unsere Gesellschaft, genauer gesagt, die Menschen in der Gesellschaft werden älter. Die Lebenserwartung der heute Geborenen im Vergleich zu denen vor etwa 50 Jahren Geborenen ist durchschnittlich um zehn Jahre gestiegen. Jeder neue Geburtsjahrgang hat etwa eine einmonatige höhere Lebenserwartung als der vorangegangene Geburtsjahrgang.

Es werden immer mehr über 65-Jährige. Hundertjährige sind heute keine „Altersexoten" mehr. Der Anteil jüngerer Menschen im erwerbsfähigen und -tätigen Alter dagegen schrumpft.

Der **Begriff der Alterung** bzw. Veralterung der Gesellschaft macht seine Runde. Er beschreibt eine wachsende Zunahme des Anteils der Bevölkerung mit höherem Alter ab 65. Diese Veränderung wird vielfach auch als *demografischer Wandel* beschrieben – u. a. als eine Bevölkerungsentwicklung, mit der sich die Altersstruktur in Richtung Älterwerdender[22] verschiebt.

Was ist zum gesellschaftlichen Alterswandel philosophisch anzumerken? Welche sozialphilosophischen Fragen resultieren aus dieser Entwicklung? Was heißt Wandel? Was heißt Veralterung?

Veralterung steht im Verständnis vielfach für eine Umverteilung der Alterskohorten zugunsten älterer Lebensjahrgänge. Doch der Begriff der Veralterung ist nicht allein auf einen rein formalen statistischen Kontext reduzierbar. Er scheint auch andere Dimensionen in sich zu tragen, die mit dem Biologischen, Politischen, Ökonomischen, Soziologischen, Psycho-Sozialen ausgestattet sind und zugleich einen philosophischen Kontext tragen.

Der Begriff des *Wandels*, um einen Unterschied zu den Begriffen Bewegung, Veränderung oder Entwicklung auszumachen, ließe sich als *eine* Art von Veränderung bestimmen, die mit einer Gestalts-

---

[22] Das Älterwerden hat in der Altersstruktur zwei Determinanten: Es ist erstens der Zuwachs an Älteren über 65 Jahre im Vergleich zu anderen Alterskohorten. Zweitens haben wir es mit einer höheren Lebenserwartung der Älteren zu tun, die den Anteil jener Altersgruppe größer werden lässt.

bzw. Strukturveränderung einhergeht. Insofern kann der demografische Wandel als eine strukturelle Veränderung der Alterskohorten angesehen werden, was eine quantitative Umschichtung der Altersjahrgänge zugunsten der Älteren bedeutet und Folgen für das gesamte gesellschaftliche Gefüge hat. Es ist nicht nur das Straßenbild, das sich optisch verändert. Es sind auch neuartige Lebensweisen und daraus entstehende Anforderungen an die Märkte, die die älteren Menschen als Zielgruppe für sich gewinnen wollen. Demografischer Wandel ist kultureller und sozial-ökonomischer Lebenswandel, die auch die politische Landschaft verändern.

Vor diesem Hintergrund wird zugleich eine weitere begleitende demografische Veränderung ausgemacht. Weniger geläufig fällt in diesem Kontext der **Begriff der Entjüngung**. Steht Entjüngung für Veralterung? Ist es ein anderes Wort mit gleichem Bedeutungsinhalt? Dies macht wenig Sinn. Es lohnt also, sich um eine begriffliche Differenzierung zwischen Entjüngung und Veralterung zu bemühen. Sie beschreiben *zwei* Erscheinungsformen des demografischen Wandels mit eigenständiger, abgrenzender Bedeutung und funktionaler Ausrichtung. Beide führen uns zu einer Gesellschaft mit wachsenden Alterskohorten. Doch die Ursächlichkeiten des Altersstrukturwandels sind jeweils andere.

Die Veralterung ist das Ergebnis nicht ausreichend nachwachsender Geburtsjahrgänge. Der kindliche und jugendliche Nachwuchs ist zu klein. Die Alterspyramide in Gestalt einer klassischen Tanne wie noch vor gut einhundert Jahren verformt sich in einen Laubbaum. Die Kopflastigkeit der Alterspyramide ist unübersehbar. Der Geburteneinbruch Anfang der 70er („Pillenknick") und der der 90er („Wendeknick") sowie die Abschwächung der Geburtenraten in den Folgejahren ließen den Anteil älterer Menschen im Vergleich zu den jüngeren anwachsen.

Die Veralterung ist in einem veränderten sozial-ökonomischen Lebensumfeld primär biologisch-generativ begründet. Mehrkindfamilien, wie sie noch in den 60er Jahren zum Familienbild gehörten, verschwanden immer mehr und sind heute weniger präsent. Der geistig-kulturelle und wirtschaftlich-technische Wohlstand hat die Familienstrukturen grundlegend verändert.

Die Entjüngung ist ein besonderes, bis heute nicht ganz aufgehobenes Phänomen des demografischen Wandels, das die Veralterung ergänzt. Unmittelbar nach der Wende 1989/90 wanderten viele Frauen im gebärfähigen Alter in die alten Bundesländer ab. Die Chance, bei der hohen einheimischen Arbeitslosigkeit im westlichen Teil Deutschlands wieder Arbeit zu finden, war wesentlicher größer. Die Abwanderung setzte sich in Gang. Aufgrund des nach wie vor bestehenden Gefälles in den Gehalts- bzw. Lohnzahlungen für gleiche Berufe gehen bis heute junge Menschen aus dem „Osten" in den „Westen". Geld und Wohlstand, wenn auch im Vergleich mit vor dreißig Jahren abgeschwächt, sind nach wie vor die treibenden Kräfte für eine Entjüngung.

Entjüngung hat eine ausschließlich sozial-ökonomische Begründung in der Veralterung der Gesellschaft, die insbesondere die neuen Bundesländer betrifft. Dabei sei von der Tatsache abgesehen, dass aus den westlichen Landesteilen Deutschlands ältere, in Rente und Pension gegangene Menschen aufgrund von Klima, Natur und einer beschaulichen Infrastruktur ihren Lebensabend im Nordosten verbringen wollen, was zwar marginal, aber zusätzlich die Veralterung der Bevölkerung begünstigt.

Die Quintessenz: Ältere werden durch diese Bedingungen älter, ohne selbst (biologisch und zeitlich) älter zu werden.

Das ruft erneut die Ethik auf den Plan. Ist der demografische Wandel mit all seinen Erscheinungsbildern Ausdruck menschlichen und gesellschaftlichen Verschuldens? Wenn ja, wodurch ist es begründet?

Menschliche und gesellschaftliche Geschichte ist nicht geradlinig. Es hat schon immer ein Auf und Ab gegeben. Es sind Wellen des Auf -, Ab- bzw. Niedergangs, von denen der Mensch sich angepasst immer wieder erholen konnte. Vielleicht haben wir es auch mit einem ganz natürlichen Vorgang zu tun, dass im Laufe der menschlichen Geschichte demografische Wellen stattfinden. So erfahren wir eine Oszillation, ein Auspendeln von Verjüngung und Veralterung in der Gesellschaft.

Des Weiteren ist im Zuge des demografischen Wandels auch von einer *Überalterung* die Rede. Sie ist berechtigt besorgniserregend, weil mit ihr eine übergebührliche Veralterung zum Ausdruck gebracht wird, die mit negativen Folgen für die Gesellschaft einhergeht. Die Regeneration ist nachhaltig geschwächt. Den Mangel an Regenerationsfähigkeit betrachte ich als eine politische und sozioökonomische Verfehlung, die die Zukunft einer Gesellschaft in Gefahr bringt.

Die Verantwortung für derartige Entwicklungen tragen wir alle, unabhängig vom Altersunterschied, jeder (jede) auf seinem (ihrem) Platz im gesellschaftlichen Leben. Es macht keinen Sinn, einzig und allein der Politik oder der Wirtschaft den „Schwarzen Peter" zuzuschieben.

Die Verantwortung für ein *gesundes* Älterwerden beginnt bereits bei uns selbst.

Der bisherige Diskurs über die Verbundenheit zwischen Leben, Altern und Zeit gibt keinen Platz frei, um daran zu zweifeln. Die Kapitelüberschrift „*Altern braucht keine Zeit*" könnte sich in Wohlgefallen auflösen, wenn nicht mit Bedacht der Buchtitel „*Altern kennt keine Zeit"* gewählt worden wäre. Was verbirgt sich dahinter zu sagen: *Altern kennt keine Zeit?* Es ist der gedankliche und zugleich sprachliche Versuch, das Altern – wie alle vorangegangenen Lebensbetrachtungen im Kontext von Zeit auch – von dem Wissen über Zeit abzukoppeln. Es ist für das Alter*n* als Eigenschaft des Lebens unerheblich, ob Zeit existiert oder nicht.

Für das Altern wird das Leben in besonderer Weise zum Ausdruck gebracht. Es hat eine Geschichte, es verändert, entwickelt, wandelt sich. Das Leben erfährt seine Lebensqualität in seinem Entstehen, Werden und Vergehen.

Dennoch geschieht es, weil stets davon ausgegangen wird, dass jedes Leben seine Zeit hat und altert. Der Gedankenschluss ist: Altern ist Lebenszeit, zeitgebundenes Leben, weil das Leben – wie vieles andere – auch unter einen zeitlichen Kontext gestellt wird, weil es zu unserer Lebensweise gehört, das Leben, der Alltag, alles Geschehene über Zeit zu definieren.

Die Idee, Altern von der Zeit zu befreien, ist eine Aufforderung, sich vom traditionellen Alternszeitverständnis zu lösen. Es ist in erster Linie ein so genanntes nachordnendes Denken über Zeit. Wenn es heißt, *„Altern kennt keine Zeit"*, so ist es der Aufruf, dem Altern das zu geben, was es in seinem Wesen ist: ein bewegtes, sich veränderndes Leben. Alle Lebensveränderungen spiegeln sich im Altern. Fokussieren wir das Altern auf das Leben, wird eine Zeitbetrachtung bedeutungslos.

Jegliches Altern im Leben eine strukturierte Zeitordnung zu geben, es in Tage, Monate, Jahre zu modellieren, nimmt dem Altern seinen Wert. Das heißt: Der Wert und die Bedeutung des Alterns ist nicht in der Zeit bestimmt, sondern im Leben und mit ihm im Altern selbst.

Dieser Überlegung mögen jene widersprechen, die darauf aufmerksam machen wollen, dass ein gelebtes Altern stets *seine* Zeit hat und mit dem Tod endet. Sie mag dazu motivieren, die Lebenszeit als besonders wertvoll anzuerkennen und die Aufmerksamkeit auf den Lebenswandel zu erhöhen. Ein derartiges Argument ist nicht ganz von der Hand zu weisen. Doch das reicht oft nicht, weil das alltägliche Leben und mit ihm das Altern von der vermeintlichen, oben beschriebenen Zeit-Wirkungsmacht einverleibt wird. Wenn es heißt, die Zeit frisst das Altern auf, ist der Blick vorrangig auf die Zeit des Alterns gerichtet und nicht auf das Altern *im* Leben. Der Wert des Lebens begründet sich im Altern, das sich mit allem Guten füllen lässt. Das Altern erhält im Umkehrschluss so seinen eigenen, lebensgebundenen Wert.

„Altern *braucht* keine Zeit", orientiert auf das Bedürfen bzw. Benötigen von Zeit. Wir können von einer objektiven Zeitgegebenheit ausgehen, sie als existent ansehen, was jedoch nicht dazu führen muss, sie bei aller Lebens- und Alternsbetrachtung einzuschließen.

„Altern *braucht* keine Zeit" heißt auch, deutlich zu machen, dass alles Lebens-, einschließlich Alternsverständnis auch ohne einen Fokus auf Zeit auskommt. Es heißt auch, zur Kenntnis zu nehmen, dass eine gelingende Lebens- und Alternsgestaltung keinen Zeitkontext benötigt. Ein sinnstiftendes Altern*erleben* braucht keine Zeit. Es befreit sich nach Möglichkeit von zeitdurchtränkten Alternsbetrachtungen.

Die Zurücksetzung von Zeit im Alter und des Älterwerdens gibt uns den Gedanken frei, das Altern nicht zu wertschätzen, weil es zeitlich an seine Lebensgrenze stößt, sondern weil wir im Altern das anerkennen, was es *ist*. Achtsamkeit und Gelassenheit dem Alter und Altern entgegenzubringen sind die Denk- und Verhaltenseigenschaften, die dem Menschen im Leben guttun.

Das Zwiegespräch ist das
vollkommene Gespräch, weil
alles, was der eine sagt, seine
bestimmte Farbe, seinen Klang,
seine Gebärde in strenger
Rücksicht auf den anderen, mit
dem gesprochen wird, erhält.

Friedrich Nietzsche (1844–1900)

ALTERN ALS LEBEN IN RESONANZ

Mit „RESONANZ. Eine Soziologie der Weltbeziehung" von Hartmut Rosa[23] ist die Resonanz als die „durch Affizierung und Emotion, intrinsisches Interesse und Selbstwirksamkeitserwartung gebildete Form der Weltbeziehung"[24] neuerlich in den Fokus philosophischer Betrachtungen gerückt. Die Überlegungen des Autors sind hier insofern von besonderem Interesse, weil sie auch zur Verständigung über das Altern beitragen.

Es gibt in seinem Buch nicht umfängliche, so doch einige inspirierende Gedanken, die die Zeitwahrnehmung von jungen und alten Menschen beschreiben.[25] Zugleich lohnt es sich, mit H. Rosa in die resonanzgetränkten Weltbeziehungen einzutauchen und das herauszufiltern, was für den Alternsdiskurs von Interesse sein könnte.

Meine Überlegung zielt darauf, über *Resonanz* eine erweiterte Alternsperspektive zu erhalten. Die Grundlage hierfür bildet die von Hartmut Rosa mehrfach beschriebene Resonanzachse zwischen Mensch und Welt, die einander sich begegnen und mit eigener Stimme sprechen können.

---

[23] Surkamp Verlag 2016

[24] A. a. O., S. 289

[25] Vgl. a. a. O., S. 657 f.

Es ist vermessen, das Alter*n* für sich in eine Weltbeziehung zu setzen, weil es selbst nicht vermag, als Subjekt und selbstwirksam aufzutreten. Das Alter*n* ist als eine prozessierende Eigenschaft an das (menschliche) Leben gebunden. Es ist der Ausdruck, das Erscheinungsbild eines dynamischen, gewandelten Lebens und selbst eine auf das Leben rückwirkende Gestaltungskraft. Das Leben altert; mit dem Altern wird das Leben *ver*lebt.

Das Altern vom Leben losgelöst zu betrachten macht folglich keinen Sinn. Deshalb ist es richtig, von *alternden* (menschlichen) *Subjekten* auszugehen, die zur Welt, d. h. zu den Dingen, Umständen, Tieren, Pflanzen etc., in Beziehung stehen. Ziehen wir das Alter*n* für eine *Welt*beziehung bzw. für ein Weltverhältnis[26] in Betracht, so nur über seinen Träger.

Wenn in den folgenden Betrachtungen vom Alter*n* die Rede ist, so mit dem Wissen, dass es nicht losgelöst vom Subjekt betrachtet werden kann. Die dennoch vorgenommene gedankliche Ablösung des Alterns vom Träger möge den Zugang zur Beschreibung der Beziehung zwischen Alter*n* und Lebenswelt erleichtern. Wenn also über das Alter*n* diskutiert wird, so vor dem Hintergrund, dass es der Mensch ist, der altert.

Die Annäherung an die Beziehung zwischen Alter*n* und Resonanz erschließt sich über zwei Zugänge: *erstens* über den alternden Menschen, dessen Verhältnis zu seiner Lebenswelt und *zweitens* über den alternden Menschen und sein Verhältnis zu sich selbst. Altern ist von Innen- und Außenwirkung, von innerer und äußerer Resonanz. Wir haben es hier mit zwei Resonanzachsen zu tun, die im Ausdruck, in der Gestaltungskraft und Wirkung von unterschiedlicher Qualität sind. Beide Resonanzqualitäten wollen erschlossen

---

[26] Vgl. H. Rosa, a. a. O.

sein.

Resonanzachse 1: Menschliches Altern und Lebenswelt. Das Altern ist ein natürlicher, an die biotische Evolution, einschließlich an die Individualentwicklung (Ontogenese) gebundener Prozess. Der Alternsprozess am und im Menschen, körperlich, geistig, seelisch, vollzieht sich nicht losgelöst von dessen Umgebung. Die Umwelt des Menschen ist von natürlicher, gesellschaftlicher und technischer Kraft; sie beeinflusst sein Altern. Das Altern hat über den (alternden) Menschen einen wechselseitigen Bezug zu seiner Außenwelt. Subjekt Mensch und Objekt Umwelt begegnen sich in einer aufeinander bestimmten Bezogenheit.

Hieraus erschließen sich die zu beantwortenden Fragen: Kann das Verhältnis zwischen einer alternden Gesellschaft und den in dieser Gesellschaft lebenden und agierenden Menschen als resonant beschrieben werden? Wie würde sich dessen Resonanz zeigen? Wie würde sich das auf den Menschen auswirken, der in seinem Leben die Erfahrung macht, älter zu werden, selbst von zeitlicher Begrenztheit ist und dessen Tod sein Leben beschließen wird?

Resonanzachse 2: Der Mensch und sein Altern. Dieser Zusammenhang erschließt sich als eine nach innen gerichtete Mensch-Welt-Beziehung.[27] Sie hat ihren Platz *im* Menschen selbst. In diesem Innenbezug von Mensch und Altern konstituiert sich die von H. Rosa beschriebene „Eigenresonanz".[28] Deren Bestehen geht von der *„Annahme eines responsiven Verhältnisses zwischen Leib und Substanz"*[29] aus.

Es wäre unter der Maßgabe einer bestehenden Alter*n*sresonanz zu

---

[27] Vgl. a. a. O., S. 61 ff.
[28] Vgl. a. a. O., S. 102 f.
[29] Ebenda

fragen: Wie sähe ein responsives Altern in einer auf den menschlichen Körper ausgerichteten Weltbeziehung aus? Wie vermag der Mensch angesichts seines alternden Lebens damit antwortend umzugehen?

Die Fragestellungen machen darauf aufmerksam, dass es noch nicht hinreichend geklärt ist, ob und inwieweit das Altern mit Resonanz in eine „einträgliche", sinnstiftende Beziehung gebracht werden kann.

Nun ist das Altern keine im menschlichen Körper wirkende Substanz wie ein eingenommenes Medikament oder das Einverleiben von Essen und Trinken. Dennoch ist von Interesse, wie groß bzw. in welcher Form der Mensch bereit ist, auf die Responsivität (Ansprechbarkeit, Bereitschaft zur Aufnahme kommunikativer, reizbestimmender Signale) des Alterns einzugehen.

Da das Altern ein sich im Menschen vollziehender biologischer Vorgang ist, der von ihm bewusst wahrgenommen wird, erzeugt dieses Altern in ihm zwangsläufig eine Resonanz*wirkung*. Jene *Welt*beziehung ist die zwischen Körper (Objekt) und dem Bewusstsein über das Körperliche.

Diese Resonanzachse befindet sich *im* menschlichen Subjekt und der Resonanzboden ist im Leben des Menschen angesiedelt. Das bedeutet nicht, dass die von der innermenschlichen Resonanzachse getragene Weltbeziehung unabhängig von der menschlichen Außenwelt existiert. Anders formuliert: Die zweite Resonanzachse steht in Bezug zur ersten. Der Mensch mit seinem Leben und Alter*n* lebt in keiner Weise losgelöst von seiner Außenwelt – unfrei von Natur, Technik und Gesellschaft. Beide Weltbeziehungen bzw. Resonanzachsen sind aufeinander bezogen. Diese Bezogenheit zeigt sich im „Grad der Verbundenheit und Offenheit"[30] gegenüber den weltlichen Dingen, zu den anderen Menschen und zu sich selbst.

Wenn davon auszugehen ist, dass wir es in Bezug auf das menschliche Alter*n* mit zwei Resonanzachsen zu tun haben, die *im* Menschen selbst und *zwischen* Mensch und Lebenswelt zu verorten und zugleich von unterschiedlicher Struktur- bzw. Beziehungsqualität sind, liegt es nahe, dann auch von zwei unterschiedlichen, diesen beiden Achsen zuzuordnenden Resonanzqualitäten zu sprechen. Von welcher Resonanzqualität werden sie jeweils mit welcher menschlichen Tragweite sein? Was bedeutet das für das menschliche Altern und die tägliche Lebensweise? Inwiefern ist es überlegenswert, davon auszugehen, das Altern selbst mit Blick auf das Resonanzkonzept mit einer antwortenden Stimme sprechen zu lassen? Was würde das für eine sogenannte *Altersresonanz* bedeuteten? Ist das Altern des Menschen ein resonantes Antworten auf die vielfältigsten Außenwirkungen?

Mit diesen Fragen stoßen wir auf Sinn und Wert der Betrachtung des Alter*n*s in seiner Resonanzgebundenheit. Wird sie erschließbar, sei es als Begehren, Anerkennung, Wertschätzung einerseits oder als Empfindsamkeit, Repulsion, Entfremdung andererseits, so wird in jedem Fall erkennbar, dass das Altern des und im Menschen mit Resonanz vonstattengeht.

Mit Blick auf die beiden Betrachtungsebenen von Alter*n*sresonanz sei eine kleine, grundlegende Einführung in das Resonanzverständnis erlaubt, was den Zugang zu Altern und Resonanz erleichtern kann.

Die Darstellung der Beziehung von Mensch und Altern in Gestalt zweier Resonanzachsen unterstellt, dass wir es per se mit *resonanten*

---

[30] A. a. O., S. 53

Weltbeziehungen zu tun haben. Gäbe sie es nicht, würde es wenig Sinn machen, über Alter*n*sresonanz zu sprechen.

Da aber nicht alle Beziehungen in unserer Lebenswelt von resonantem Charakter sind bzw. sein müssen[31], wäre vorab zu klären, ob und inwieweit ein alternder Mensch und eine alternde Gesellschaft sich in „Resonanz […] als einem spezifischen Beziehungsmodus"[32] befinden können.

Es bedarf einführend der Aufklärung wichtiger Begriffe und Grundannahmen, die Weltbeziehungen als resonant zu beschreiben und darzulegen, wann wir uns außerhalb von Resonanzen bewegen. Das schließt mit ein, den Resonanzbegriff entsprechend zu manifestieren.

Resonanz. Wir kennen den Resonanzbegriff aus der Physik oder Musik. Doch er ist nicht in der Fassung zu verorten, mit denen Weltbeziehungen resonant abgebildet werden können.

Resonanz ist kein Echo im Sinne eines eigenen Rückrufs. Es geht nicht darum, sich selbst spiegelbildlich zu hören, sondern um das von anderen Wahrgenommen-Werden mit einem „kommunikativen Rückruf". Es ist ein erzeugtes, ein vor allem psychosoziales Schwingen beim Gegenüber, was zu einer derartigen Anregung führt, die auf den Urheber zurückgeht, der den Anstoß zur Resonanz gegeben hat.

Jeder kennt die Wirkung einer Schaukel, wie diese im Zuge einer Schwingung angestoßen wird und sich weiter „aufschaukelt". Oder denken Sie daran, wenn Sie sich einen Teller Suppe von der Kantine holen und mit diesem auf dem Weg zu Ihrem Sitzplatz sind. Sie merken, dass Sie mit Ihrem Gehen Gefahr laufen, dass die Suppe

---

[31] Vgl. a. a. O., S. 290
[32] A. a. O., S. 289

über den Tellerrand schwappt.

In Resonanz zu sein heißt, sich in besonderer Weise zu begegnen. H. Rosa macht deutlich, dass ein gelingendes Leben nicht an Reichtum, an der Verfügbarkeit insbesondere materieller Ressourcen festgemacht werden kann. Der Schlüssel gelingender zwischenmenschlicher Begegnungen liegt in „der Verbundenheit mit und der Offenheit gegenüber anderen Menschen und Dingen".[33]

Resonanzen leben von Impulsen und einem sogenannten *Resonanzboden* (Resonanzkörper). Dieser Boden ist eine Umgebung bzw. sind Bedingungen, auf deren Grundlage Resonanz stattfinden kann. Sind wechselseitige *Impulsgebungen* im Sinne von Anregungen auf einem „Boden" gegeben, können Schwingungen entstehen. Der Anstoß ist ein akustisches, visuelles oder emphatisches Ereignis, das bei dem Gegenüber etwas auslöst, in Bewegung bzw. Schwingung bringt. Wir erfahren es, wenn wir von etwas angetan sind oder in uns etwas in Bewegung gebracht wurde. Wir sind ge- bzw. berührt und nehmen das „Anstößige" in uns auf. Es inspiriert uns. Es ist der Impuls, der bei dem Gegenüber ankommt und als Klangkörper wirkt. Das passiert, wenn das Subjekt den Klang des (eigenen) Körpers wahrnimmt. Nur dann werden Schwingungen entstehen.

Dieses Prinzip lässt sich auf unser Leben, auf Begegnungen mit den Menschen übertragen. Es ist das Be- und Entgegnen, das zu einem wirkungsvollen und qualifizierten Aufeinandertreffen führt. Das Entscheidende in diesem *Wechselspiel* ist dessen Qualität. Dafür bedarf es eines Anstoßes, damit das Begegnen als Resonanz wirkt. Es ist der berühmte Anstoß, der beim Gegenüber ein „Klingen" auslöst. Es ist das emotionale bzw. gedankliche Berührtwerden. Jedes qualifizierte Berührtsein benötigt einen Resonanzboden, der jene

---

[33] A. a. O., S. 53

Schwingungen zulässt, damit diese vom Empfänger aufgenommen werden können.

H. Rosa verweist ausdrücklich darauf, dass Resonanz nicht als Gefühlszustand, sondern als spezifischer Beziehungsmodus zu begreifen ist, was uns ermöglicht, selbst negativ erfahrene Gefühle in eine positive Resonanzerfahrung einzubetten.[34] Wenn jemand sagt: „Das berührt mich.", „Das macht mich traurig", „Darüber bin ich froh" oder „Das macht mich wütend" – so sind das in Worten ausgedrückte Resonanzen. Es sind herzliche Gesten der Umarmung, der Anerkennung oder Wertschätzung, die Anstöße für Schwingungen sind und Resonanzen beim Gegenüber hervorbringen. Die Verfügbarkeit über Resilienz (psychische Widerstandsfähigkeit) und Achtsamkeit sind heutzutage wichtige persönliche Kompetenzen, derartige Resonanzen zu ermöglichen und zu leben.

Gefühle selbst bewegen sich außerhalb von Resonanz und erzeugen keine entsprechende Erfahrung. Resonanz findet nur dort statt, wo ein „*Auf-die-Welt-Bezogensein*" und ein wirkliches Antworten zu erkennen ist.[35] Das heißt, nur dort, wo ein „Gleichklang aus konvergierenden Bewegungen von Leib, Geist und erfahrbarer Welt"[36] stattfindet, ist sie erlebbar.

Die Welt des Menschen. Mensch und Welt (dessen Lebenswelt) bewegen sich zueinander; sie sind nicht dichotonisch, d. h. losgelöst, abgekoppelt voneinander. Auch wenn der Mensch als Subjekt aus der Welt (Natur) herausgetreten ist, hat er sich keineswegs von ihr gelöst und unabhängig gemacht. Er ist und bleibt Teil dieser Welt. Er ist *mit* der Welt, in der er sich verwirklicht und von ihr verwirk-

---

[34] Vgl. a. a. O., S. 289
[35] Vgl. a. a. O.
[36] A. a. O., S. 290

licht wird. Die Welt trägt des Menschen Handschrift – durch Aneignung und Gestaltung bis hin zu deren Ent- oder gar Verfremdung. Die Grenzen von Mensch (Subjekt) und Welt (Objekt) verschwimmen, verblassen, sind schwer auszumachen.

Die *Welt* steht für *„alles, was begegnet* (oder auch: *was begegnen kann*) [...] Die Welt ist das, was jedem Bewusstsein als vorgängig immer schon mitgegeben ist."[37] Insofern steht der Mensch in und zur Welt; er erzeugt Weltaneignung und über sie Welterfahrung.

Wie bereits angemerkt, ist Resonanz ein *spezifischer* Beziehungsmodus. Das heißt, nicht jeder Beziehungsmodus ist von resonantem Charakter.

Resonanz findet nicht statt, wo der Gleichklang von Körper, Geist (Seele) und Lebenswelt fehlt. Sie ist auch dort nicht, wo zwischen ihnen eine Verstimmung auftritt, die letztlich zu einer Verstummung führen kann. Sie erzeugt keine Kongruenz oder Konvergenz zwischen diesen Elementen, sondern verschafft uns letztlich *„Entfremdungserfahrung"*.[38]

Die Quintessenz der Betrachtung ist: „Resonanzerfahrungen sind nur dort möglich, wo wir in Übereinstimmung mit unseren starken Werten handeln", wo unsere Welt- und Lebenssicht mit unserem Handeln bzw. unserer Lebenswelt in Kongruenz steht. Alles andere würde uns zu einer Verstimmung führen.[39]

Aus dieser Vorbetrachtung ist nun die Verbindung zum Alter*n* herzustellen. Inwieweit uns die Evaluierung gelingt, ist nicht nur davon abhängig, was wir unter Resonanz, Weltbeziehung etc. verstehen, sondern auch, ob wir die beiden obigen Resonanzachsen –

---

[37] A .a. O., S. 65 f.
[38] Vgl. a .a. O., S. 290
[39] Vgl. a. a. O., S. 291

Mensch und Alter sowie alternder Mensch und Gesellschaft – in entsprechendem Dreiklang der konvergierenden Bewegungen von Mensch, Altern und Gesellschaft in einem resonanten Kontext beschreiben können. Die jeweiligen Resonanzachsen in eine entsprechende Resonanzerfahrung zu überschreiben, heißt, Körper – Geist (Seele) – Altern (Resonanzachse 1) und Mensch (Individuum) – Gesellschaft – Altern (Resonanzachse 2) miteinander zu verschränken.

Wenn wir das *Altern als ein evolutives Naturkonzept* begreifen, ist der Mensch mit ihm in zweifacher Hinsicht konfrontiert: *Erstens*: Altern als materielle, biologische Naturgegebenheit, die allen Lebewesen, einschließlich dem Menschen, auferlegt ist. Das heißt, das Altern ist für den Menschen unverfügbar. Es ist konstitutiver Teil menschlichen Seins, auf dem sich sein Werden und Vergehen begründet. Auf ihn warten wie auf jedes Lebewesen das Sterben und der Tod.

Zweitens: Der Mensch erfährt seine Begegnung mit dem Alter*n* an seinem eigenen Körper (Leib), mit seinem Bewusstsein (Erkenntnis, Wissen, Erfahrung, Gefühl), mit seiner Lebensaneignung und Lebensverwirklichung (Handlungen).

Im Zuge seiner Lebensgestaltung wird ihm mit seiner Machtlosigkeit (Unverfügbarkeit) über das Altern zugleich seine Kraft und Einflussnahme auf sein Altern bewusst. Das Altern tritt aus seinem natürlichen Charakter heraus. Es lässt sich vom Menschen durch Eigengestaltung selbst verwalten. Der Mensch lernt sein Altern verstehen, greift in dieses durch Denken und Verhalten ein und tut alles dafür, selbst dem Unabänderlichen einen Sinn zu geben. Das gelingt ihm zwangsläufig und so gut, solange er sinnstiftend für sein Leben eintritt. Der Mensch kann das Altern nicht aus seinem Leben verbannen. Was er kann, ist, es gestalterisch zu beeinflussen. Altern ist für den Menschen kein Schicksal und es unterliegt nicht der menschlichen Machtlosigkeit. Der Mensch hat heute eine nie dagewesene Macht, auf das Altern Einfluss zu nehmen, ohne es jemals aus dem Leben verbannen zu können. Wer dem Altern ein Ende setzen will, der setzt dem Leben ein Ende.

Der Mensch bemächtigt sich seines Alterns, indem er sich seinem Körper, seinem Geist und seiner Seele zuwendet. Er macht sie sich über seine Selbst- und Welterfahrung zu eigen. Der Mensch tritt sich selbst gegenüber, wenn es um die Gestaltung seines Alterns geht.

Bei dieser evolutiven Zeitaneignung des persönlichen Lebens und Alterns steht der Mensch keineswegs für sich und allein. Er hat viele Helfer und Helfershelfer. Das Auftreten des Menschen in der Moderne gegenüber seinem Alter und Altern und seine Aktivitäten, deren Schicksal selbst in die Hand zu nehmen, sind der breit angelegte Versuch und Angriff, das Altern individuell und gesellschaftlich beherrschbar zu machen. Hier werden die beiden Resonanzachsen zu einer miteinander agierenden Schnittstelle, die sich essenziell auf *Mensch* (bio-psycho-soziales Individuum) – *Gesellschaft* (sozial-ökonomisches Beziehungsgefüge) – *Altern* begründet.

Nicht ganz unwichtig für ein zu evaluierendes Resonanzverständnis des Alterns ist der Begriff der *Entfremdung*.[40]

Folgen wir H. Rosa, so ist „Entfremdung als ein Modus der Weltbeziehung zu bestimmen, in dem die (subjektive, objektive, und/oder soziale) Welt dem Subjekt gleichgültig gegenüber scheint (*Indifferenz*) oder sogar feindlich gegenübertritt (*Repulsion*). Entfremdung bezeichnet damit eine Form der Welterfahrung, in der das Subjekt den eigenen Körper, die eigenen Gefühle, die dingliche und die natürliche Umwelt oder aber die sozialen Interaktionskontexte

---

[40] Vgl. a. a. O., S. 299 ff.

als äußerlich, unverbunden und nichtresponsiv beziehungsweise als *stumm* erfährt. Ein Selbst-, Ding-, oder Sozialverhältnis kann dann als *nichtentfremdet* gelten, wenn es die Ausbildung von konstitutiven Resonanzachsen ermöglicht."[41] Verdinglichung, Unüberhörbarkeit, Nichtssagenheit machen Subjekt und Welt stumm. Entfremdung ist die verunglückte, misslungene Weltbeziehung. Sie verkörpert die Beziehung der Beziehungslosigkeit.[42]

Die Dialektik von Resonanz und Entfremdung, wie wir es auch in der folgenden Beschreibung zum Altern sehen werden, darf dabei nicht unbeachtet bleiben. Das ist dadurch begründet, dass Resonanzen nicht allweltlich sind, sondern immer nur einen Ausschnitt verkörpern.[43] Das wiederum konstituiert Resonanzen, aus denen Fremdes, Stummes erwächst, was bedeutet, dass in ihnen Resonanzfähigkeit bzw. ein Resonanzpotential verfügbar ist.

Es ist also zu klären, a) inwiefern Altern in einem resonanten Kontext aufgefasst werden kann, b) ob das Altern hinsichtlich beider möglicher Resonanzachsen in resonanter Beziehung stehen kann und ob c) Grenzerfahrungen zwischen Resonanz und Verstummung (Entfremdung) erkennbar sind.

Der alternde Mensch · Wo ist seine Glaubwürdigkeit?

Anfänglich und ungewollt in das eigene Leben hinein- und in die Welt hinausgeworfen, wachsen mit den Lebensjahren ein bewusstes Selbst und der Stolz, selbstbestimmt wirksam zu sein. Während es sich in den ersten vier, fünf und vielleicht auch sechs Lebensjahrzehnten gut anfühlt, aktiv, gebraucht und geliebt zu werden, drängt

---

[41] A. a. O., S. 306
[42] A .a. O., S. 316
[43] Vgl. a. a. O., S. 317

sich im weiteren Leben eine Stimme auf, die uns darauf aufmerksam macht, dass wir nicht mehr zu den Jüngsten gehören. Wir sehen uns in einer Altersgruppe angekommen, in der Schmerz und Freude eng beieinander liegen, in der wir nicht mehr die Gipfelstürmer des gesellschaftlichen Wandels sind. Wir befinden uns in einer Lebenszeit, deren Jahre mit Beginn einer Rente nie so lang gewesen sind wie heute. Die Zeit des Älterwerdens und Gealtertseins erstreckt sich über ein Drittel des gesamten Lebens. Der Mensch schickt sich an, mit allem medizintechnischen Fortschritt und den allgemein verbesserten Lebensbedingungen die Lebenserwartung heraufzusetzen, wenn auch nicht in dem Maße und Tempo, wie ursprünglich angenommen.

Der ganze Stolz des Gealtertseins bricht sich zwischen dem biologischen Urbedürfnis, das nicht abwendbare Altern in jugendliche Frische mit Fitness und Sexualität zu tauchen, und den Zwängen, einen alternden Körper und Geist im Spiegel zu sehen und sich auf Sterben und Tod einstellen zu müssen. Dabei haben wir vergessen, dass die lebende Natur ausschließlich und allein auf Selbsterhaltung und damit auch auf Fortpflanzung ausgerichtet ist. Alle Versuche, sich diesem entgegenzustellen, weiß die Natur zu „bestrafen". Der Mensch wird früher oder später einen Preis zu zahlen haben.

Das gesellschaftliche Alternsimage ist mehr oder weniger angeschlagen, und die frohlockende Industrie bedient das wachsende Bedürfnis nach Fitness, gesunder Ernährung, Kosmetik, Liftings, Medikamenten und jugendlich aussehender Mode. Wer als alternder Mensch nicht investiert und die noch innewohnende Jugendlichkeit hervorlockt, der hat verloren – und zwar nicht nur gegenüber der jungen Generation, sondern auch bei Gleichaltrigen.

Was geschieht an Resonanz? Wie äußert sich ein Gleichklang von Körper, Geist und Welt im menschlichen Individuum?

Der Körper, mit ihm das Bewusstsein und dessen Gefühls- und Gedankenwelt, die die innere Welt des Menschen ausmacht, ist mit seiner äußeren Lebenswelt verbunden. Was macht die alternde Gesellschaft mit unserem Körper? Was machen wir selbst mit ihm?

Die Erfolgsversessenheit ist mehr denn je ausgeprägt. Ältere Männer suchen sich jüngere Frauen. Nicht wenige ältere Frauen wollen sich den Jungbrunnen über einen jüngeren Mann zurückholen. Gesellschaft (Pharma-, Kosmetik-, Fitness-Industrie) und der Einzelne wenden viel Energie und Zeit auf, um der Jugendversessenheit so lange wie möglich nachzugehen. Einerseits wird dieser Trend verteufelt und an den Pranger gestellt, andererseits werden derartige Leistungen und Produkte mit Milliarden an Euro umgesetzt.

Die Wirkung der Gesellschaft auf den Menschen und des Menschen auf sich selbst zeitigt ihre resonanten Antworten. Sie sind attraktiv und repulsiv zugleich. Wir machen uns unseren Körper zu Freund und Feind.

Wir sind stolz auf ihn, dass er uns über die vielen Jahrzehnte nicht im Stich gelassen hat. Wir fühlen uns gut, weil unsere geistige Fitness noch intakt ist und wir nicht auf Hilfen anderer angewiesen sind. Wir haben ein gutes Körpergefühl, seitdem wir die Ernährung umgestellt haben.

Doch damit geben wir uns nicht zufrieden. Wir schauen auf die anderen und die vielen Verjüngungsangebote der Gesellschaft, die uns eine *„Steigerungsorientierung"*[44] geben. Statt mit unserem Körper und Geist eins, in Resonanz zu sein, instrumentalisieren wir sie. Körper und Geist entfalten wir zu einem Gegensatz zwischen Können und Wollen, zwischen deren Einsatzmöglichkeit für unser

---

[44] Vgl. H. Rosa, a. a .O., S. 179

Wohlbefinden und der Beanspruchung als Ressource.[45] Fähigkeit und Beanspruchung bringen uns selbst im höheren Alter in Dissonanz. Verstimmungen tun sich auf und die Gefahr der Verstummung ist gegeben. Entfremdungen zeigen sich besonders dann, wenn Körper und Geist eine unerwünschte Eigenbewegung einschlagen.

Altersdepressionen sind heutzutage keine Seltenheit. Sie sind ein besonderer Ausdruck der menschlichen Verstimmung. Sie haben ihren letztlichen Ausdruck in der menschlichen Verstummung, dem Suizid im Alter. Den Zurückgebliebenen bleibt dann Betroffenheit. Die Absurdität, von der Albert Camus (1913–1960) spricht, erfährt hier ihre Perfektion. Im „Der Mythos des Sisyphos" schreibt er im Kapitel „Das Absurde und der Selbstmord": „Wenn es [...] schwierig ist, den genauen Zeitpunkt, den winzigen Schritt zu bestimmen, da der Geist auf den Tod gesetzt hat, so ist es leichter, aus der Tat selbst die Folgerichtigkeit zu erschließen, die sie voraussetzt. Sich umzubringen heißt, in einem gewissen Sinn und wie im Melodrama, ein Geständnis ablegen. Es heißt gestehen, dass man mit dem Leben nicht fertig wird oder es nicht versteht. [...] Aus dem freien Willen sterben setzt voraus, dass man, und sei es nur instinktiv, das Lächerliche dieser Gewohnheit erkannt hat, das Fehlen jedes tiefen Grundes, zu leben, die Sinnlosigkeit dieser täglichen Betriebsamkeit, die Nutzlosigkeit des Leidens. [...] Diese Entzweiung zwischen dem Menschen und seinem Leben, zwischen dem Handelnden und seinem Rahmen, genau das ist das Gefühl der Absurdität."[46]

Wenn ein alter Mensch zu diesem Verstummungsmittel greift, ist seine Welt von ver- und zerstörter innerer und äußerer Beziehungslosigkeit. Die Kraft, das gealterte Leben in seiner Resonanz von At-

---

[45] Vgl. a. a. O., S. 178
[46] A. a. O., Rowohlt, Taschenbuch, Reinbeck b. Hamburg 2014, S. 17 f.

traktivität und Repulsivität auszuhalten, ist aufgebraucht. Er hat sich selbst aufgegeben. Die letzte Energie wird für den Suizid aufgewandt.

Aus allem ist zu resümieren: Der Geist entfremdet sich, wenn er schleichend in eine Demenz hineingleitet und den Köper infolgedessen mit hineinzieht. *Demenz* heißt „*weg* vom Geist" – besser ließe sich diese Entfremdung nicht beschreiben. Körper und Geist, Mensch und seine Lebenswelt haben ihre Verbindung aufgelöst. Es ist die klassische Form einer Beziehung der Beziehungslosigkeit. Gleichgültigkeit und Feindlichkeit bestimmen das Innere des Menschen und dessen Verhältnis zu seiner Außenwelt.[47]

Die Alternsresonanz trägt das Widersprüchliche in sich. Das Altern und das gewachsene Alter werden es niemals auflösen. Altern ist und bleibt eine Resonanz- und Entfremdungserfahrung – unabhängig davon, wie repulsiv die äußeren Lebensbedingungen eines gealterten Menschen sind. Das Altern trägt per se die Verstimmung in sich. Es liegt jedoch in unserer Hand, ob wir die Entfremdung erkennen, uns aus der Beziehungslosigkeit in eine positive Resonanz zurückholen können oder unsere Entfremdung in eine Verfremdung entgleitet und damit unsere Kraft zur Selbstwirksamkeit vollständig verloren geht.

Das Altern ist unser natürliches und soziales Lebensschicksal. Nur dessen bewusste Annahme führt uns hin zu einem guten und gelingenden Leben.

In der folgenden Betrachtung geht der Blick auf das Altern in resonanter Weltsicht in zwei Richtungen: in die der alternden Gesellschaft und in die des alternden Menschen.

Es steht die These im Raum: Das kollektive, gemeinschaftliche

---

[47] Vgl. a. a. O., S. 316

Altern und das individuelle, persönliche Altern zeigen sich in Resonanz *und* Verstummung.

Für die Lesenden sei angemerkt, dass im englischen Sprachgebrauch „Alter" (age), „Altern" (alter), „die Alten" (old) verwendet wird. Das heißt, das Altern, Altsein folgt dem Verständnis von „Altgewordensein", „gealtert". Es sind jene Menschen bzw. Menschengruppen, die im herkömmlichen Sinne als „alt" charakterisiert werden. Es ist das sozial-ökonomische Alter jener Menschen, die älter 60 Jahre sind.

Die alternde Gesellschaft · Wem gehört die Zukunft?

In den modernen Gesellschaften – Ost wie West – erfahren wir einen Wandel des Alters und Alterns gewaltigen Ausmaßes und höchster Komplexität. Der demografische Wandel unserer Gesellschaft ist flankiert durch Digitalisierung und Globalisierung. Sie drücken den Weltbeziehungen einen zusätzlichen Stempel auf.

Die alternde Gesellschaft ist nicht mehr aufzuhalten. Die Wucht des Alterns furcht sich wie ein reißender Strom durch das gesamte gesellschaftliche Leben und hinterlässt tiefgreifende Spuren.

Die Gealterten sind Teil dieser Gesellschaft. Sie tragen diese Gesellschaft, setzen ihre Marker und sind selbst von ihr betroffen. Sie „machen" sie, und es wird etwas mit ihnen „gemacht". Sie erzeugen Attraktivität und Repulsivität. Die Alten werden zu einer begehrten sozialen Gruppe, weil sie der Gesellschaft verschiedentlich unterstützend zur Seite stehen. Freiwillige im Ehrenamt, Helfende und Unterstützende in den Familien oder an Arbeitsplätzen, an denen es an Personal mangelt, sind willkommen.

Die Alten gelten gleichermaßen auch als störend, lästig, eigensinnig, herrisch, aller Globalisierung und Digitalisierung im Wege stehend. So schreibt Frank Schirrmacher in „Das Methusalem-

Komplott": „Angesichts solchen Wachstums an Alter wird jene Gesellschaft am erfolgreichsten sein, deren religiöse oder kulturelle Überzeugungen das Alter schöpferisch machen können. Wir sind, so paradox es klingen mag, als Alternde in einer alternden Gesellschaft zugleich Anführer und Opfer einer neuen Globalisierungswelle."[48]

Das Altern in der Gesellschaft ist natürlich, menschlich, institutionell, politisch, ökonomisch und sozial nicht mehr aufzuhalten. Die alternde Gesellschaft zeigt sich in allem in einer Beziehungsqualität von Attraktion und Repulsion.

Wenn die „Alten" schon da sind, und keineswegs die Absicht haben, von der natürlichen Bühne des Lebens abzutreten und dabei vom wissenschaftlich-technischen und medizinischen Fortschritt unterstützt werden, dann gehen die Überlegungen verständlicherweise dahin, wie dieses demografisch anwachsende Potenzial gesellschaftlich leistungsfähig und nutzbar gemacht werden kann.

Älter gewordene Menschen sind konservatives Wählerpotenzial. Dass die CDU/CSU in der Zeit der Corona-Krise an Wählergunst vor allem aus diesem Lager gewinnen konnte, ist nicht verwunderlich. Dieses Wählerpotential ist auch in verschiedener Hinsicht ein wichtiger Wirtschaftsfaktor und sorgt dafür, dass das Gesundheitswesen mit seinen Dienstleistern, einschließlich der Arzneimittelindustrie, hinreichend „beschäftigt" wird.

Die „Alten" erfahren Begehren, Anerkennung und Wertschätzung. Sie fühlen sich in einer alternden Gesellschaft gut aufgehoben. Die (alternde) Gesellschaft hat sich zum Resonanzboden etabliert, auf dessen Grundlage sich alternde Menschen, gesellschaftliche Strukturen und Institutionen aufeinander eingestimmt haben. Sie erhalten gegenseitige Schwingungsimpulse, befinden sich in einer

---

[48] A. a. O., Karl Blessing Verlag, München 2004, S. 11

Resonanzbeziehung, die sich prozesshaft vollzieht.

Alternde in der Gesellschaft und das institutionalisierte Altern der Gesellschaft entfalten ihre wechselseitigen Anpassungen. Der sich weiter vollziehende demografische Wandel fordert die Gesellschaft neuerlich heraus, auf diese Entwicklung politisch, sozial-ökonomisch, kulturell etc. zu *antworten*. Dieses Antworten der Gesellschaft ist das *Ver*antworten und deren *Verantwortung* gegenüber der älteren und ältergewordenen Generation.

Gealterte und Gesellschaft begegnen sich; sie berühren sich wechselseitig, so dass sie „aufeinander antwortend zugleich auch mit eigener Stimme"[49] sprechen. Dieses Einssein erzeugt ein gesellschaftliches Altern in resonanter Weltensicht.

Die Gesellschaft gibt dem Altern ein Gesicht, und ebenso konfigurieren die „Alten" die Gesellschaft. Beide bringen sich wechselseitig in Schwingungen und „laden" sich dabei „auf".

Doch diese Alternsresonanz hat auch eine andere gesellschaftliche Seite. Sie fällt in der Antwort *repulsiv* aus.[50] Die Beziehung zwischen Alternden und Gesellschaft wirkt abstoßend, gefährlich, zerstörerisch. Sie neigt zur Verstummung und Entfremdung.

Das Altwerden wird zu einer mehrfachen gesellschaftlichen Falle. Die Gesellschaft macht institutionell und ökonomisch eine Rechnung auf, die sich gar nicht positiv darstellt. Altersarmut, Kostenverursacher bis hin zur Altersdiskriminierung stehen schon jetzt und in Zukunft noch mehr auf der gesellschaftlichen Tagesordnung. Das Alter*ns*bild ist nach wie vor fragil. Es wird in Teilen aktiv und versteckt „bekämpft": kulturell, weil gesellschaftliche Kräfte sich dagegenstellen, dass die Gesellschaft durch eine Jugendwelle aus musli-

---

[49] H. Rosa, a. a. O., S. 285
[50] Vgl. a. a. O., S. 187

mischen Ländern überdeckt wird[51], sozial in der Weise, dass die junge Generation sich auf dem „Kriegspfad" mit der älteren befindet und sie für die derzeitigen gesellschaftlichen Sünden in Natur, Wirtschaft und Politik verantwortlich macht.[52] F. Schirrmacher schreibt: „Wenn wir unsere Vorstellungen vom Altern in unserer Gesellschaft nicht anpassen, wird aus dem Herbst unseres Lebens ein neues Mittelalter entstehen. […] In Wahrheit werden wir vermutlich unablässig innen- und außenpolitisch mit dem Problem unseres kollektiven Alterns konfrontiert werden."[53]

Die Alternsforschung bricht sich in einem weltumspannenden Maße ihren Weg, indem sie das Altern medizinisch, biologisch, genetisch und pharmakologisch über die Alternserkrankungen wie Krebs, Diabetes, Parkinson oder Demenz aufbrechen will. Die schlagkräftigen Antworten sind noch nicht hinreichend gefunden. Mittlerweile gibt es Stimmen, die davon ausgehen, dass Krankheit und Altern einen gemeinsamen Weg des Forschens und Findens gehen, der dem Altern ein Ende setzt.[54]

Auch haben wir es mit einem wechselseitigen Antworten zu tun, das von Stimmungen und Resonanzerfahrungen geprägt ist. Nirgendwo wie hier offenbaren sich Wertungen auf beiden Seiten von Alternden und Gesellschaft. Die Selbstwirksamkeitserwartungen können in diesen beiden Weltbetrachtungen – der Generationenkon-

---

[51] Vgl. F. Schirrmacher, a. a. O., S. 50

[52] Vgl. a. a. O., S. 54 ff.

[53] A. a. O., S. 56 f.

[54] Von David A. Sinclair ist zum Jahresende 2019 ein bemerkenswertes Buch erschienen. Es trägt den Titel „Das Ende des Alterns. Die revolutionäre Medizin von morgen", erschienen im Verlag DuMont, Köln. Im Epilog werde ich auf die aktuelle Alternsforschung und den gegenwärtigen Generationenkonflikt in der Moderne näher eingehen.

flikt zwischen Jung und Alt und die „Janusköpfigkeit" der Alternsforschung – nicht deutlicher ausfallen. In ihnen verbirgt sich eine
repulsive Weltsicht. Das heißt, alternde Menschen sehen sich in der
Gesellschaft nicht aufgenommen, ziehen sich zurück, geraten in Ein-
samkeit bzw. Vereinsamung. Sie geraten in eine negative Resonanz,
die sich als verstimmte Lebenssituation ausdrückt.

Der Dreiklang von Körper, Geist und Welt ist im Generationenkonflikt gestört. Die Akzeptanz der Jüngeren gegenüber den Älteren
fällt gesellschaftlich hinunter. Vorwürfe und Anschuldigungen nehmen einen solchen Raum ein, dass sie bei den Alten zur Verstummung führen. Ihr gesellschaftlicher Wert wird in Frage gestellt.
Letztlich verstummen beide Seiten; sie können sich nicht in positiver
Resonanz begegnen. Was bleibt ist ein unverbundenes Gegenüberstehen, ein gegenseitiges Entfremden. Jung und Alt haben sich nicht
mehr das zu sagen, was in einer alternden Gesellschaft zu *ver*antworten wäre.

Parallel dazu droht eine verstörte Beziehung zwischen der Alternsforschung und den Alternden in der Gesellschaft. So sehr eine
pathologisch ausgerichtete Alternsforschung den Alterserkrankun-
gen mit genetischen Implementierungen den Kampf ansagt und die
Tür für ein längeres und vielleicht auch gesünderes Leben öffnet,
umso mehr wachsen für diese Altersgruppe nie dagewesene Erwartungen auf ein besseres Altern.

Doch wie groß ist das wirkliche Wollen auf diese Zukunftsaus-
sicht, die dem Altern einen Zuwachs an Jahren geben soll? Die
Stimme der heutigen modernen Alternsforschung ist unüberhörbar.
Doch kommt sie in den Ohren alternder Menschen auch klingend
an? Nicht wenige Alternde werden auf diese Forschungsentwicklung
positiv resonant reagieren. Es wird in Zukunft nicht wenige Alternde
geben, die voraussichtlich angesichts des Wertebildes vieler junger

Menschen und Familien von heute der traditionellen Medizin eher kritisch gegenüberstehen und daher viel mehr ein verstimmtes Verhalten an den Tag legen. Sie zeigen sich zu allem beziehungslos, abweisend. Sie halten dieses Ansinnen zugleich für befremdlich, weil angesichts einer älter werdenden Gesellschaft mit steigenden Lebenserwartungen ein Bevölkerungswachstum zu prognostizieren ist, das den Generationenkonflikt nur noch zusätzlich anheizen und mit einer erhöhten Weltbevölkerungsdichte den Lebensraum der außermenschlichen Lebenswelt einschränken und gesundheitliche Risiken wachsen lassen würde.[55]

Sie könnten beispielhaft argumentativ auf die aktuelle Corona-Pandemie zurückgreifen. Eine derartige Pandemie würde nicht die letzte sein, mit einer erhöhten Weltbevölkerungszahl und einem bestehenden Ungleichgewicht im Wohlstand der Weltregionen das Risiko von Ansteckungen erhöhen und, wie Covid-19 zeigt(e), die Todesrate vor allem bei den Älteren besonders hochtreiben.

Sicherlich können zu diesen Verstimmungen Gegenargumente eingebracht werden. Das ändert letztlich nichts daran, dass die gealterte Generation sich verunsichert und verstimmt sieht. Der Rückzug ist unweigerlich, wie sich zeigte. Viele ältere Menschen, die akut mit Herzinfarkt oder Schlaganfall bedroht waren, vermieden aus „Corona-Gründen" das Krankenhaus, weil sie fürchteten, in ihm angesteckt zu werden. Die Angst, vom Corona-Virus angesteckt zu werden, war wesentlich größer als die vor einer lebensbedrohlichen Herzinsuffizienz (Herzinfarkt) oder diagnostizierten vaskulären De-

---

[55] Die Geschichte der Pandemien der letzten einhundert Jahre macht deutlich, dass die Ursachen für weltumspannende bzw. überregionale Erkrankungen des Menschen vor allem darin zu suchen sind, dass Mensch und Tierwelt in hohem Maße zusammenrücken. Die Verdichtung der Lebensräume von Mensch und Fauna macht das Überspringen von Viren und Bakterien aus der Tierwelt auf den Menschen immer leichter und wahrscheinlicher.

menz (Schlaganfall).

In allem ist der Dreiklang von Körper, Geist und Welt in Gestalt von kollektiv gealterten Menschen, deren Lebensansichten und der Gesellschaft, die das Altern „verwaltet", gehemmt, blockiert, verstimmt.

ALTERN ALS REISEZEIT

Der Mensch träumt davon, in seinem Leben alt zu *werden* – am liebsten mit langanhaltender Gesundheit. Wenn er dem Altern schon nicht entrinnen kann, so möge doch das *gesunde* Altern *das* Lebensziel sein. Wir leisten dem Vorschub, indem wir z. B. ausgesprochene Wünsche zum alljährlichen Geburtstag nicht nur mit Glück, sondern vor allem mit Gesundheit verbinden.

Das **Altsein** (Altgewordensein) hat im Vergleich zum Alt*werden* in unserem Alltagsverständnis einen konnotierten Geschmack. Wir verdrängen es, reden es klein, legen den Mantel des Schweigens darüber oder bedauern uns. Stolz auf die gelebten Lebensjahre wird eher wenig wahrgenommen. Stattdessen verknüpfen wir das Altgewordensein mit Gebrechlichkeiten, körperlichen, kognitiven oder sozialen Einschränkungen, mit einem nahenden Lebensende.

Dieses Dilemma trägt der Mensch Zeit seines Lebens mit sich, ohne es weder auflösen zu können noch auflösen zu wollen. Der Mensch der Moderne sieht sich in seinem Altern eingesperrt – lebenslang. Dennoch ist er der Versuche nicht müde, aus diesem Zeitgefängnis des Lebens auszubrechen.[56]

---

[56] Die menschliche Vision von der Unsterblichkeit ist bis heute ungebrochen. Der aktuelle Entwicklungsstand der Alternsforschung lässt zunehmend den Gedan-

Altwerden ist gut vergleichbar mit einer Lebensreise. Es ist die Reise in und durch das Leben – die einzige dieser Art. Sie ist unwiederbringlich, und wir verfügen über sie nur ein einziges Mal. Sie beginnt mit der Geburt – über mehrere Lebensabschnitte.

Das begonnene und werdende Leben wird zu einer Reise *in* das Leben. Es vollzieht sich *in* der Lebenszeit, und wir erfahren sie als unsere Eigenzeit. Wir machen uns auf eine Reise, in der wir uns in die verschiedenen, gleichzeitig bestehenden Lebenszonen begeben, in die wir uns wechselnd hinein- und herausbewegen. Wir verlassen sie oder kommen erneut wieder in diesen an. Es sind Zonen des guten Lebens: die Komfort-, Wissens-, Abenteuer-, Entdeckungs- und Reflexionszonen.[57] Sie sind die Räume und Stationen des Aufenthaltes während unserer Lebensreise.

Neben diesen *Lebens*zonen bewegen wir uns zugleich durch *Lebenszeitzonen*. Wir tragen unsere Lebenszonen über die bzw. mit der Zeit des Lebens. Es sind die Zeitzonen des Kindseins, der Jugend und die des jungen und älter werdenden Erwachsenen. Wir erfahren unser Altern in fortgeschrittener Lebenszeit. Wir werden zu den jungen, älteren und hochaltrigen Alten, bis der Tod uns vom weiteren Altern erlöst.

Das Leben in Zeit gebundenen Zonen ist das, was unsere Lebensreise ausmacht. Sie sind miteinander horizontal und vertikal verknüpft.[58] In der Durchdringung von Lebens- und Zeitzonen entsteht

---

ken aufleben, das Leben zu verlängern bzw. das Altern aufzuhalten. Im ersten Kapitel des Epilogs wird hierauf näher eingegangen

[57] Vgl. H.-J. Stöhr: Scheitern im Grenzgang, a.a.O., S. 205 ff.

[58] Die *horizontale Ebene* des Lebens sind die in ihr angesiedelten Lebenszonen. Sie sind stets mehr oder weniger präsent in den Lebenszeitzonen. Die *vertikale Ebene* des Lebens bildet den Lebenszeitverlauf in den einzelnen Lebensabschnitten ab. Die Lebenszonen werden von Lebensabschnitt zu Lebensab-

die Eigen- und Lebenszeit, die wir als das Altern kennen. Das Altern ist der rote Zeitfaden, der die Räume des Lebens wie auf einer Perlenschnur aufreiht, mitnimmt und miteinander verknüpfen lässt.

Die Idee des nachfolgenden Diskurses ist, das mit dem Leben einhergehende Altern als ein *Reisen* zu verstehen.

Die *These* heißt: Das Altern im Leben ist eine Reise in und durch das Leben. Die Reise hat das Ziel, auf dem Weg des Älter*werdens* im Altgewordensein anzukommen. Diese Reise endet mit dem Tod eines menschlichen Lebens. Für sie gibt es keine sogenannte Rückfahrkarte.

Der Vergleich des Alterns mit einer Lebensreise ist eine Metapher. Sie in unsere Gedanken aufzunehmen führt uns zu einigen Fragestellungen: Welchen Zusammenhang können wir zwischen Reisen und Altern herstellen? Inwiefern macht diese Verknüpfung Sinn? Bringt uns die philosophische Annäherung zwischen Reisen und Altern in unserer praktischen Lebensgestaltung weiter? Die zu Beginn gestellte Frage ist nicht zu vergessen: Ist es nicht dem Leben egal, wie und wie viel an Jahren wir alt werden?

Geben wir den Fragen eine gedankliche Struktur: Was ist, was heißt *Reisen*? Kann das Leben als ein Reisen verstanden werden? Was würde das praktisch bedeuten?

Die *weitere These* heißt: Leben *ist* Reisen. Es macht Sinn, beides voneinander verschiedentlich zu betrachten. *Erstens*: Es bedeutet, das Leben *als* Reise*n* zu verstehen. Wir machen uns auf den Weg des Lebens. Der Lebensweg kennt das Ziel, wie Michel de Montaig-

---

schnitt, von der Kinder-, Jugend-, Erwachsenen- usw. -zeit „durchgereicht". Der Weg durch die Lebenszeitzonen führt zugleich zur Veränderung der Lebenszonen in Wichtung und Qualität.

ne (1533–1592)[59] erklärt: das Sterben und den Tod. Es ist keineswegs zu leugnen, dass am Ende des Lebens der Tod steht. *Zweitens:* Das Leben als Reise beinhaltet auch, den Lebensweg selbst als Ziel anzunehmen. Hier ist das Gehen auf dem Weg des Lebens das Reiseziel. Das Leben erfüllt sich selbst als Reise. Der Lebensendpunkt als Reiseziel wird unerheblich und bedeutungslos.

Bei Wikipedia ist zu lesen: „[…] Reise bedeutet […] die Fortbewegung von Personen über eine längere Zeit zu Fuß oder mit Verkehrsmitteln außerhalb des Wirtschaftsverkehrs, um ein einzelnes Ziel zu erreichen oder mehrere Orte kennenzulernen […]".[60] Dieses Verständnis ist gemeinläufig und im hohen Maße an Mobilität und unterstützende Bewegungsmittel geknüpft. Wir gehen hier von *einem* Reisebegriff aus. Belassen wir es bei diesem, kommt er in meinem Verständnis eher verkürzt daher. Wir sind gut beraten, auch über einen erweiterten Reisebegriff nachzudenken, der die Spielformen des Reisens kenntlich macht. Dabei ist ein Gang in die Wortgeschichte immer hilfreich und unterstützend, wenn es darum geht, Begrifflichkeiten und Ausdrucksweisen gezielt zu hinterfragen. So ist des Weiteren ebenda zu lesen, dass der Ausdruck „Reise" in der deutschen Sprache schon seit tausend Jahren bekannt ist: „Das althochdeutsche Wort *reisa* bedeutet *Aufbruch, Zug, Fahrt* und bezeichnete das Sich-auf-den-Weg-Machen und den zu begehenden Weg gleichermaßen. Das dazugehörige Verb lautete *reison.*"[61]

Der Verweis darauf, dass das Reisen auch einen metaphorischen Inhalt hat und das Reisen einen Lebenswandlungsprozess beinhaltet, wird später aufgenommen.

---

[59] Vgl. Hrsg. Th. Rentsch u. M. Vollmann, a. a. O. S. 61 ff.

[60] Vgl. https://de.wikipedia.org/wiki/Reise

[61] Ebenda

Hier wird erkennbar, dass das Reisen als eine Bewegung des Menschen von Ort zu Ort, ggf. mit einer Zielbestimmung als allgemein gängig und tradiert verstanden wird. Doch diese Sichtweise schöpft den Inhalt und den Wert des Reisens keineswegs aus. Unberücksichtigt bleiben all jene Reisen, die mit uns selbst, körperlich, geistig und seelisch, stattfinden (können). Das Altern als Reise würde in dem o. g. überlieferten Reisebegriff kein Verständnis finden. Der erweiterte bzw. neu gefasste Begriff des Reisens geht über den räumlichen Ansatz hinaus. Er erhält hier in einen anthropologischen Kontext. Dieses Reisen berührt den Menschen als Ganzes. Es ist ein Reisen von äußerer und innerer Bewegung.

Das tradierte Reiseverständnis bleibt in seinem alltäglichen Gebrauch erhalten. Es ist *eine* Art zu reisen. Eine zweite Form des Reisens kommt hinzu: Das Reisen versteht sich gemeinhin als ein gezielter (motivierter) Ortswechsel, der eine Rückankunft zum Ausgangspunkt der Reise einschließt. Wir verbinden das Reisen mit der Absicht der Erholung, des Erlebens oder der Wissenserweiterung bzw. -vertiefung, wie wir es primär von einer Dienst-, Forschungs- oder Bildungsreise kennen.

Auch das ist Reisen, wenn sich Menschen auf den Weg der Selbstfindung – sei es nach Indien, Jerusalem oder Santiago de Compostela – begeben. Und sie kommen wieder zurück. Dieses Reisen hat einen Anfang und ein Ende – einen Ausgangspunkt und einem Endpunkt – räumlich wie zeitlich. Das Besondere dieser Reisen ist: sie haben die Absicht des Bewusstseinserweiterung.

Menschen waren von jeher bewegt und unterwegs. Sie mussten sich bewegen, um Nahrung zu sammeln oder zu erjagen. Zwanzig Kilometer und mehr pro Tag abzulaufen war keine Seltenheit. Schaut man sich die geografische Struktur der Ortschaften in unserem Land an, so liegen die Orte in der Regel im Abstand von zwanzig bis vierzig Kilometern auseinander. Für Wanderer ist das ein Tagesmarsch. Heute würden die meisten von uns diesen Fußmarsch als Quälerei empfinden. Bewegung (Reisen), einschließlich von Ort zu Ort, ist heute menschliche Mobilisierung mittels Technik (Auto, Fahrrad etc.). Fünf Kilometer zu Fuß sind für manche von uns eine echte Herausforderung.

Bewegtes Leben zu Fuß ist nicht mehr die Regel – und das ungeachtet der Tatsache, dass mit wachsender technischer Mobilität auch der Gegentrend des Zu-Fuß-Gehens besteht, der eher im Sinne der körperlichen Fitness statt als Zeichen der Spiritualität einzuordnen ist.

Wir wissen, dass der Mensch sich von Natur aus als unruhiger Geist mit ausgeprägter Körpermobilität zeigt. Dieser bestehende Urtrieb und der immer wieder neu aktivierte Antrieb, sich fortzubewegen und die „Welt" zu erobern, ist das, was den Menschen *auch* ausmacht. Einerseits hat er mit der Technikentwicklung seinen Wirkungskreis erweitern können, andererseits lebt er in seiner immobilen Bequemlichkeitsblase, wehrt sich gegen seine urwüchsige Umtriebigkeit, nimmt zusehends gesundheitlichen Schaden und plagt sich mit Rückenschmerzen oder Adipositas. Auch das ist der Mensch der Moderne. Unser heutiges Leben kann in Bezug auf Mobilität nicht widersprüchlicher sein: Der Mensch ist mit Ackerbau und Viehzucht, dem Bau von Dörfern und Städten einerseits sesshaft geworden und zieht andererseits bis heute als traditioneller oder moderner Nomade von Landstrich zu Landstrich. Er reist durch die Welt – vielleicht deshalb, um seinem Mobilitätstrieb gerecht zu werden. Der Mensch wäre nicht Mensch, wenn er sich nicht bewegen würde – in den meisten Situationen verbunden mit zielführenden

Absichten.

Menschliches Bewegen in Gestalt von Reisen ist das, was den Menschen in seiner heutigen Welt – und in Europa mehr denn je – ausmacht. Das Reisen ist in seinem Verständnis nicht nur allein deshalb interessant, weil es in Verbindung mit Bewegung (Ortswechsel) und Zeit (Zeitaufwand für das Reisen) zu bringen ist, sondern weil das Reisen einen direkten Bezug zum Leben hat. Jean Paul (1763–1825), sein vollständiger Name ist Johann Paul Friedrich Richter, weiß uns mitzuteilen, dass nur Reisen Leben und umgekehrt Leben Reisen ist. Demokrit (460–370 v. Chr.) stellte ebenfalls die Verbindung zwischen Reisen und Leben her, indem er auf die Lebensfreude aufmerksam machte, die für eine gute Reise von Bedeutung ist.

In allem erklärt sich das Reisen als Leben – als Ganzes oder auch in Teilen. Das Leben *lebt*, es ist lebendig, bewegt, verändert sich. Es zeigt sich in seiner Lebendigkeit (Bewegtheit), weil wir das Leben in die Hand nehmen und mit ihm wirksam werden. Dabei verändern wir uns und unser unmittelbares Lebensumfeld. Wir erwecken uns selbst und unsere Umwelt zum Leben. Indem wir das Leben *leben*, machen wir es *er*lebbar. Wir bringen das Leben in Bewegung; wir reisen.

Mit *Lebensreise* verbinden wir oft das Setzen von Zielen und Lebensetappen. Es sind Stationen des Lebens, die eng mit der Persönlichkeitsentwicklung verknüpft sind. Es sind Marken, Meilensteine, die die Biologie des Menschen setzt und die das Erwachsenwerden unterstützen. Als solche stellen sie Reisepunkte dar, die wir durchlaufen und antizipieren. Nicht immer sind sie auf dem Reiseweg vollends einseh- und beeinflussbar. Wenn wir reisen, begeben wir uns nicht selten auf unbekanntes Terrain. Wir lassen uns auf Abenteuer ein. Wir sind auf Erfahrungs- und ganz persönlicher Bildungsreise.

Eine Reise beschert einem Reisenden Unwegsames, Unvorhergesehenes, Unberechenbares. Mit dem Reisen verwandelt sich jenes Unbekannte in Bekanntes. Wir generieren Erfahrungen und Erinnerungen. Das Resultat ist Lebensbildung, und Lebensbildung trägt zur Persönlichkeitsentwicklung bei. Reisen bedeutet, sein Erwachsenwerden selbst in die Hand zu nehmen.

Mein Resümee ist:

1. Das Reisen offenbart sich als Existenzform des Lebens. Das Leben ist Reisen als Weg und Ziel.

2. Das Reisen wirkt als Gestaltungsform des Lebens. Wir geben dem Leben Charakter, Eigenschaften, Merkmale, die wir mit Reisen verbinden. Indem wir das Leben als Reise verinnerlichen, erhält das Leben die gestalterischen „Reise-Zutaten".

3. Das Leben als Reise zu verstehen macht das Reisen zur Leitidee des Lebens. Es manifestiert sich als Lebensphilosophie und durchdringt die innere Haltung, Einstellung und praktische Lebensvorstellung.

Wie stellt sich ein *Zusammenhang von Leben und Reisen zum Altern* her?

Die Verbindung zum Leben als Reisen wird erkennbar, wenn wir akzeptieren, dass zum Leben das Altern gehört. Altern, wie einführend im ersten Teil beschrieben, ist ein mit der Persönlichkeitsentwicklung verbundener Lebenswandel – körperlich, geistig, seelisch und sozial. Altern ist eine an das Leben gebundene, sich selbst dynamisch verhaltende Eigenschaft. Das Altern ist ein Marker unseres Lebens, das durch Leben begründet ist.

Wenn wir das Leben als eine Reise des Lebens selbst verstehen, liegt es nahe, das Reisen mit dem Altern in Verbindung zu bringen und dessen Sinn auszumachen.

Das Altern ist im Leben begründet. Es macht das Leben zum Besonderen und gibt dem Leben seine individuelle Gestalt. Doch diese Gestalt ist nicht starr. Sie selbst lebt; sie wandelt und verändert sich.

Leben und Altern gehören existenziell zusammen. Sie bringen sich gegenseitig hervor: Dass Leben altert – dass Altern lebt, zeigt sich in seiner Lebendigkeit und Veränderlichkeit. Das Altern altert, wie das Leben lebt.

Es liegt auf der Hand zu fragen, ob und wie es Sinn macht, das Altern als ein Reisen im Leben und zu seinem Ende zu verstehen. Zuvor lag die Aufmerksamkeit darauf, das Leben mit dem Reisen zu vergleichen. Mit dem Reisen machen wir uns ebenso auf den Weg wie mit dem uns geschenkten Leben, mit dem wir uns auf Lebensreise begeben. Doch was ist hier anders?

Machen wir uns Gedanken über unser Leben. Indem wir es in unser Bewusstsein heben, werden zugleich mit der Frage nach dem Sinn des Lebens konfrontiert. Wir verlieren uns u. a. in Überlegungen, die die Zukunft des Lebens betreffen. Diese Gedanken verbinden wir mit Vorausschau, Lebensplänen, mit insgesamt Positivem.

Kommen wir auf das Altern zu sprechen, so fällt uns weniger Wertschöpfendes ein. Das Nachdenken darüber macht uns eher *nach*denklich. Wir gehen mit Demut in uns. Es sind jene in der Minderheit, die bedenkenlos auf ihr Altgewordensein stolz sind. Alt heißt für viele, am Lebensende angekommen zu sein. Das Lebensende droht über uns wie ein Scheitern des Lebens.

Dieser Blick auf das Altern zeigt sich nicht ohne Folgen für das Verstehen des Lebens. Unser Alltagsleben sieht das Leben vordergründig aus der Perspektive der Zeit. Das Leben wird – u. a. biologisch, ökonomisch, verwaltungstechnisch, sozial – in Zeit gemessen.

Zeit liegt wie ein Schleier über dem Leben. Sie durchdringt alles, was unser Leben keineswegs leichter oder einfacher macht. Sie zeigt Wirkung, sie hat uneingeschränkte Wirkungsmacht.

Unser Lebensanspruch ist an Zeit gebunden. Wir reden über *Schnell*lebigkeit unseres Alltags. Wir wollen immer mehr Aufgaben in gleicher Zeit erledigen oder „verkürzen" die Zeit für bisher erbrachtes Leistungsvolumen. Unsere Lebenswelt dreht sich schneller. Wir haben das Gefühl verinnerlicht, dass uns die Zeit wegläuft: … und schon sind wir wieder ein Jahr *älter*. Das erleben wir Jahr für Jahr und machen alles dafür, dass es so bleibt.

Wir haben eine höhere Lebenserwartung gewonnen, verfangen uns in einer schneller gelebten Zeit und tragen zugleich das Gefühl, dass uns die Zeit zerrinnt. Wir erfahren es am eigenen Leibe. Betrachten wir uns hin und wieder genauer im Spiegel, wird offenkundig, wohin unsere Lebensreise geht.

Das Altern reist mit unserem Leben. Die gezählten Lebensjahre sind unsere temporären Marker. Das Altern wird zur Zeitreise – eine Reise durch unsere Lebenszeit. Nicht nur das Leben selbst ist gefüllt mit Ereignissen und Erlebnissen, sondern das Altern selbst. Das Altern ist auf dem Lebenswege ein Ereignis, das es uns *er*leben lässt.

Natürlich ist das Altern an das Leben ebenso gebunden wie das Leben altert. Und wir Menschen der Moderne, die mit der Zeit leben, das Leben in Zeit messen und uns von ihr bestimmen lassen, tun uns schwer, das Altern von der Zeit losgelöst zu denken. Wir sind der Überzeugung, dass das Altern nur in und mit der Zeit stattfinden kann und gehen davon aus, dass das Altern werdendes, wandelndes, veränderndes Leben ist, das nicht ohne Zeit gedacht werden kann.

Alterndes Leben spiegelt die Wandlung des Lebens in der Zeit – mit einem „Zeitfenster", das uns das „Von (Geburt) – Bis (Tod)" offeriert. Grabsteine auf dem Friedhof, auf denen das Geburts- und Todesjahr stehen, faszinieren uns, wenn wir auf ihnen die unterschiedlichen Lebenszeiten entdecken. Sie machen uns nachdenklich, wenn wir schmerzlich erkennen müssen, dass auch unser Leben *zeitlich begrenzt* ist, so sehr wir uns auch eine Ausnahme wünschen.

Vielleicht macht uns unsere Begrenztheit weniger Angst als das Wissen alltäglich erfahrbarer Ereignis- und Lebensschnelllebigkeit, die wir mit unserem Altern unmittelbar verknüpfen.

Über den Sinn einer Entschleunigung unserer Zeit wurde jüngst viel geschrieben. Achtsamkeit und Gelassenheit werden im Zuge angebotener Entschleunigungskonzepte als therapeutischer Handlungsansatz eingebunden. Interessanter für unseren Lebens-Altern-Zeitdiskurs sind die Veröffentlichungen von Hartmut Rosa.[62]

Entschleunigung ist der Versuch, der Schnelllebigkeit entgegenzuwirken. Können wir dem Altern auch seine gefühlte Schnelllebigkeit nehmen? Bekomme ich die Zeitdynamik mit dem eigenen Leben nicht in den Griff, wird es mit dem Altern noch viel weniger gelingen, weil es uns die Zeit unmittelbar vorführt. Wie kommen wir aus diesem Dilemma heraus?

Die Objektivität des Zusammenhangs von Leben, Altern und Zeitgeschehen ist nicht zu leugnen. Vielleicht können wir die relative Losgelöstheit unseres Bewusstseins und Denkens von der objek-

---

[62] Um der Be- und Entschleunigung unseres Lebens aus soziologisch-philosophischer Sicht näherzukommen, gibt uns Hartmut Rosa in seinen Veröffentlichungen eine fundierte Einführung: Beschleunigung und Entfremdung: Entwurf einer kritischen Theorie spätmoderner Zeitlichkeit, Suhrkamp, Berlin 2013; Beschleunigung. Die Veränderung der Zeitstrukturen in der Moderne, Taschenbuch, Suhrkamp, Berlin 2005

tiven Wirklichkeit nutzen und ein sinnvolles Gedankenkonstrukt entwickeln, das uns hilft, die Zeit im Altern „wegzudenken". Gemeint ist, mit dem Altern in Bezug zu Zeit und Leben einen *anderen* Denkzugang zu finden.

Eingangs stellte ich die Frage: Ist es dem Leben(sweg) egal, wie alt wir werden? Können wir dem Altern die Zeit entreißen und es ohne Zeit denken? Meine Idee ist, genau das zu tun und uns von der Zeit zu trennen, sie wegzudenken. Das geht! Je mehr wir über die Zeit nachdenken, je metaphysischer und nichtssagender wird sie. Wir bekommen sie nicht richtig zu fassen, und doch unternehmen wir alles, die Zeit in den Griff zu bekommen. Die Kreativität des Menschen verschaffte uns von ihm geschaffene technische Mittel der Zeitmessung – wie z. B. die Sonnen-, Sand-, Eier-, Turm- oder Armbanduhr), die uns sagen wollen, was die Zeit geschlagen hat.

Was ist, wenn wir auf diesen „Zeitschlag" verzichten und anstelle der Zeit dafür Erlebnisse oder Begegnungen setzen? Was spricht dagegen, unser Leben *nicht* in Zeit und Jahren zu messen, sondern es mit unserem Erleben und den gemachten Erfahrungen aufzuwiegen? Vielleicht ist uns besser geholfen, mit Zeit und Altern zurechtzukommen, wenn wir beide durch Ereignis und Bewegung „ersetzen"? Was schenken wir uns, wenn wir das Altern nicht in Zeitstrukturen, sondern in Erlebnissen denken, um so das Zeitliche in den Hintergrund zu drängen?

Bekämen wir dies gedacht, befänden wir uns nicht mehr auf einer Zeitreise des Alterns, sondern auf dem Weg, auf dem wir uns bewegen und auf dem wir Erlebnisse und Ereignisse erfahren. Es wäre ein Leben und Altern ohne (vordergründig) gedachte Zeit, sondern losgelöst von ihr.

Wenn wir unseren Lebenserinnerungen nachgehen, fallen uns zuerst eigene Erlebnisse ein. Der Nachtrag ist, dass wir nach der Ereigniszeit suchen und sie mit der „verflossenen Zeit", der Zeit zwischen vergangenem Ereignis und Jetzt messen. Aus welchem Grunde tun wird das? Ist es die Ehrfurcht vor der Vergangenheit, oder wollen wir der Zeitdimension einen gebührenden Ausdruck geben?

Die Zeit wegzudenken bzw. im Denken zu vernachlässigen könnte sich positiv auf das Leben auswirken: Wir geben dem Leben das, was es wirklich ist. Wir verabschieden uns von der Lebenszeit und der Zeit des Alterns, weil wir deren Sinn außerhalb jeder Zeitbetrachtung erleben – als Folge von Lebensereignissen. Wir konzentrieren uns auf das Leben und auf das mit ihm einhergehende Altern. Wir messen es nicht an bzw. in Jahren, sondern an und in unseren Erlebnissen und Erfahrungen. Wir nehmen aus dem Altern die Zeitschärfe. Wir entschleunigen nicht nur unser Leben, wir geben unserem Leben das, was es ist. Wir geben dem Altern den Wert, den es im Leben verdient – nicht als Zeit versklavt zu werden.

Das Leben *lebt* auch ohne Zeit, weil es gefüllt ist von Bewegungen und Ereignissen, aus denen die Lebenserfahrungen wachsen. Diese Lebens-Ereignis-Abfolge ist das Altern des Lebens. Wenn wir es schaffen, die Zeit für unser Leben weniger wichtig, bedeutsam bzw. dringlich anzuerkennen, dann wird es dem Leben egal sein, wie es altert, und wie alt es ist bzw. wird.

Das Altern wird unbedeutend, weil es im Leben aufgenommen ist. Damit erfährt das Altern seinen von der Zeit losgelösten Sinn.

Der Wert des Alters und Alterns steckt ausschließlich im Leben, das keinen zeitlichen Rahmen benötigt. Wir geben dem Leben eine sinngebende Bestimmung und Qualität.

Kritiker mögen diese Überlegung als weltfremd bezeichnen. Weltfremd wäre auch, wenn wir so täten, als wenn es die technische

Zeit ist, die uns in der Moderne durch die Zeit und durch das Leben bringt.

Ich beabsichtige nicht, die Uhren zu verteufeln oder gar abzuschaffen. Sich aber von ihnen gebührend zu lösen, das Leben nicht der Zeit unter-, sondern die Zeit dem Leben zuzuordnen, könnte für das Leben *und* Altern durchaus wohltuend sein.

MÄRCHENZEIT · ALTERNSZEIT

Märchen sind nicht nur Erzählungen vergangener Tage über ausgedachte und überlebte Figuren mit ihren guten und anmutenden, aber auch bösen und niederträchtigen Seiten. Sie sind zugleich Geschichten über den Alltag jener Zeit und schlagen ein Brücke zur heutigen.

Das Eintauchen in die Märchenwelt lässt jede Zeit in den Hintergrund drängen. Es sind nicht die Geschichten aus der Vergangenheit, in der sie einmal erzählt und aufgeschrieben wurden, sondern es sind die erzählten Geschichten der Unmittelbarkeit, losgelöst von jener Zeit und sich in der Gegenwart widerspiegelnd.

Es ist die Geschichte selbst, die erzählt wird, weil sie, in dem Moment erzählt, in das Gegenwärtige hineinreicht. Das ist deshalb möglich, weil sie erzählte Lebensweisheiten und Verhaltensmuster repräsentieren, die bis heute im und zwischen den Menschen gegenwärtig sind.

Märchen sind frei von jeglicher Zeit. Das hat nichts mit ihrer Historie zu tun. Es geht ausschließlich um das Geschehen, das Werden der Geschichte.

Märchen, Sagen oder Fabeln haben in unserer und in vielen anderen Kulturen einen wichtigen lebens- und erfahrungsbezogenen Platz. Sie sind geistiges, geschichtliches Kulturgut mit vielen, vielen Lebensbotschaften, die es immer neu zu erschließen gilt. Damit ist gemeint, dass mit jedem neuen Lesen der Bezug zu unserem gegenwärtigen Lebensalltag hergestellt werden kann. Welche übertragbaren Lebensweisheiten stecken in ihnen? Welche Werte und Normative werden von den Märchen für das Leben vermittelt?

Märchen sind ein Tor zu unserer Lebens- und Gefühlswelt und haben einen wichtigen Unterhaltungswert. Sie waren die „Krimis" früherer Zeiten, die das Normativ des Guten über das Böse in das Alltagsleben trugen.

Sie repräsentieren gewonnene Lebenserfahrung und geben Verhaltensbotschaften preis, deren Gültigkeit und Wert bis in unsere Zeit der Moderne nicht verlorengingen, auch wenn sich unsere Wertewelt stetig verändert. Märchen machen das alltägliche Leben zeitlos.

Die klassischen Märchen, u. a. der Gebrüder Grimm, wie Rotkäppchen, Hänsel und Gretel, Frau Holle oder Schneewittchen sind allgemein bekannt. Weniger bekannt sind die kleinen Geschichten, die ebenso Lebensbotschaften in sich tragen. Dazu gehören auch jene, die sich mit den Lebensjahren, dem Altern und dem Tod beschäftigen. Sie fristen in den Bücherseiten ein eher ungelesenes Dasein. Auch sie sind es wert, dass wir ihnen Beachtung schenken.

Es ist das Anliegen des Essays, sich diesen Geschichten zu nähern, aus ihnen ganz oder teilweise vorzulesen und zu fragen, was sie mit unserem heutigen Leben und Altwerden zu tun haben, die im Großen und Ganzen anders sind als vor etwa zweihundert und mehr Jahren.

Eingangs stellt sich die Frage: Wie sind Märchen, Philosophie und darüber hinaus Psychologie miteinander verbunden?

Wir unterscheiden zwischen Volks- und Kunstmärchen. *Volksmärchen* sind jene, die mündlich über Generationen hinweg überliefert, gesammelt und aufgeschrieben wurden.[63]

Kunstmärchen hingegen sind aufgeschrieben, aus der Phantasie des Schriftstellers entsprungen. Märchen von Hans-Christian Andersen (1805–1875) gehören als selbst geschöpfte Märchen zu dieser Gruppe. Auch sie vermitteln Lebensweisheiten, die meist mit der Lebenszeit des Autors verbunden sind und die es wert waren, aufgeschrieben zu werden.

Eine besondere Kategorie von Märchen sind die so genannten **philosophischen Märchen**, die i. d. R. einen zutiefst philosophischen, meist ethisch-moralischen Hintergrund haben (Schneewittchen – *Neid*; Frau Holle – *fleißig und faul* sein; Rotkäppchen und der Wolf – *Das Gute und das Böse*) und uns als Volksmärchen bekannt sind. Es können auch jene philosophische Märchen sein, die „künstlich", d. h. nicht historisch überliefert, entstanden. Insofern begegnen wir Märchen, die entweder mit einem gezielten philosophischen Thema (künstlich) verfasst wurden, um so das philosophische Denken und Diskutieren anzuregen, oder es sind die o. g. klassischen Volksmärchen, die im Kern der Geschichte eine tragfähige philosophische Substanz bzw. Botschaft, ein ethisch-moralisches Normativ enthalten.

Wir kennen auch Märchen wie z. B. „Der Froschkönig", „Der Fischer und seine Frau", „Eisenhans" oder „Rapunzel", die zugleich eine starke tiefenpsychologische Relevanz besitzen. Zu jenen Auto-

---

[63] Die Märchen der Gebrüder Jacob (1785–1863) und Wilhelm Grimm (1786–1859), von ihnen bearbeitet und aufgeschrieben, 1812 und 1815 in erneuter, veränderter Auflage als Kinder- und Hausmärchen editiert, oder die Märchen von Ludwig Bechstein (1801–1860), 1845 erstmals als Märchenbuch und 1857 als illustrierte Ausgabe mit 187 Holzschnitten nach Originalzeichnungen von Ludwig Richter (1803–1884) in Buchfassung gebracht, kennen wir als Volksmärchen.

ren, die sich dieser Interpretation der Märchen angenommen haben, gehören Hans Jellouschek, Irmtraut Tarr oder Eugen Drewermann.[64] Diese Märchen tragen zudem philosophische Weisheiten, Lebensregeln und sprachliche Bilder; sie leben von Metaphern, Allegorien oder Analogien über das menschliche Leben und Verhalten im Alltag.

Für das Philosophieren mit Märchen **kann man** drei Zugänge wählen, die oft auch in Kombination auftreten:

Der rational-analytische Zugang. Im Mittelpunkt stehen Symbole, Begriffe, Handlungen bzw. bestimmte Verhaltensweisen der Märchenhelden.

Der kreative Zugang. Das vorhandene Märchen wird in bestimmten Passagen oder im Verhalten der Märchenhelden neu gedacht, um- oder weitererzählt.

Der kommunikative Zugang. Hier steht das Märchen als Ganzes im Zentrum der philosophischen Betrachtung. Wichtige Lebensthemen oder Lebensprobleme, oft verbunden mit aktueller Bedeutung für das Leben, das menschliche Verhalten oder den zwischenmenschlichen Umgang miteinander machen den Kern philosophischen Denkens aus.

Zeit im Märchen. Zeit in einem Märchenkontext zu beschreiben lässt vier Ebenen zu. Die *erste*, bereits oben angeführte, führt zu der Überlegung, Märchen als solche in eine Zeitlosigkeit einzuordnen. Sie überwinden mit und auch in der Erzählung die Zeit. Die *zweite* Betrachtungsebene zielt auf jene Märchenfiguren, die in den Geschichten dazu fähig sind, Zeit zu überwinden. Es sind die Hexen oder jene, die über die Kraft verfügen, mit ihrem Zauber Zeiten zu

---

[64] Vgl. H.-J. Stöhr: Scheitern im Grenzgang, a.a.O., S. 74 ff.

überspringen bzw. zu verwischen. Sie setzen die Zeitebenen Vergangenheit, Gegenwart und Zukunft außer Kraft. Sie verfügen über die Magie, sich über die Zeit hinwegzusetzen. Denken wir an Rumpelstilzchen, der in den Nächten Unmögliches schafft: aus Stroh Gold zu spinnen.

Viel nachhaltiger ist der tiefe Eingriff in die Zeit, den Dornröschen und der ganze Hofstaat durch den Zauber der nichteingeladenen dreizehnten Elfe (Fee) erleben. Wie im Märchen erzählt, drohte sie auf der Feier anlässlich der Kindesgeburt mit der Weissagung, dass Dornröschen sich an ihrem fünfzehnten Geburtstag an einer Spindel stechen und in einen hundertjährigen Schlaf fallen werde.

Märchen haben es an sich, mit der Zeit zu spielen. Wie hier in **„Dornröschen"** werden hundert Jahre an Zeit angekündigt, die für jene, die außerhalb des Schlosses leben, als tatsächlich verstreichende Lebenszeit wahrgenommen wird. Im Schloss dagegen wird diese Zeit ausgesetzt, festgehalten, wie es möglich ist, die Zeiger einer Uhr anzuhalten. Zeit wird überwunden. In „Dornröschen" vergehen keine einhundert Jahre, sondern es wird Zeit herausgeschnitten, wie bei einem Herausschnitt einer nicht verwendbaren Filmszene. Die Rosenhecke um das Schloss macht die Zeitgrenze zwischen innen und außen offensichtlich. Der Unterschied von Zeit in und außerhalb des Schlosses hebt ihren absoluten Charakter auf, macht sie relativ und damit menschlich.

Nachdem Dornröschen aus ihrem hundertjährigen Schlaf von dem Prinzen wachgeküsst wird, beginnt der Hofstaat, sich neu zu beleben. Das passiert genau dort, wo der Schlaf einsetzt hatte. Der Koch, der vor einhundert Jahren dem Küchenjungen eine Ohrfeige hatte geben wollte, was sein Einschlafen verhinderte, setzt die bei neuem Aufwachen fort, als wäre nichts anderes geschehen, was in der Normalität des Lebens geschehen müsste.

Dieses Märchen ist beispielgebend dafür, wie Zeit überwunden bzw. außer Kraft gesetzt werden kann. „Dornröschen" hebt Zeit in doppelter Weise auf: als Märchen und als erzähltes Geschehen.

Die *dritte* Ebene der Betrachtung zielt auf das Zeitgeschehen in Bezug auf das Alter und Altern. Es ist eine alternsbezogene Zeitbetrachtung, die auf die Relativität von Zeit aufmerksam macht.

Zwei Geschichten werden nachfolgend erzählt, die auf den Zusammenhang von Altern und Zeit aufmerksam machen. Sie widmen sich stellvertretend für andere[65] aus Grimms Märchen den Seiten des Lebens: dem Älterwerden und Altsein, dem Sterben und dem Tod. Sie bringen die Botschaft: Erkenne nicht nur dein Älterwerden, sondern mit ihm auch dein Altsein, Sterben und deinen Tod an! Nimm sie mit vollem Bewusstsein auf! Entdecke in ihnen den Wert des Allgegenwärtigen und *Unv*erfügbaren und gib ihnen *deinen* unverwechselbaren Sinn!

In allem stellt sich mit Blick auf das Alter*n* die allseitig durchdringende Frage nach dem Wert und Sinn des Lebens.

Die Texte sind Anstöße für unseren alltäglichen Umgang mit Leben, Altern und Zeit. In ihnen steckt die Möglichkeit, uns für diese Lebenseigenarten zu sensibilisieren, zurückgewandte Perspektiven aufzunehmen und, dort angekommen, wieder den Blick nach vorn auf Lebenszeit und Alter*n* zu richten. Das ist der Raum, der unserem Lebensalltag ein neues Gesicht verleiht und uns von jeglicher Zeitbedrängnis befreit.

Folgende Erzählungen aus den Grimm`schen Märchen möchte ich ins Zentrum der Betrachtung stellen:

Der alte Sultan · Nr. 48

---

[65] Vgl. H.-J. Stöhr: Alt wie ein Baum, a.a.O., S. 155 ff.

Die Lebenszeit · Nr. 176.

Im Mittelpunkt dieser Geschichten stehen die philosophischen Fragen: Was ist uns das Altern wert? (Nr. 48) Wie stellen wir uns der Begierde des Menschen, alt zu werden, jedoch nicht alt zu sein? (Nr. 176)

Der alte Sultan (nacherzählt) *ist ein Hund, der in die Jahre gekommen ist. Der Bauer geht mit dem Gedanken schwanger, den Hund zu töten, da er zu nichts mehr tauge. Die Frau des Bauern sprach sich dagegen aus und bat den Bauersmann, dem Hund eine ausreichende Gnadenzeit zu gewähren.*

Sultan erfuhr von den Absichten des Bauern. Der Hund war tief besorgt und wandte sich hilferingend an den Wolf, um aus dieser bedrohlichen Lebenssituation herauszukommen. Der Wolf versprach Sultan, ihm mit einer List zu helfen. Sie täuschten eine Kindesentführung durch **den** *Wolf vor, die der Hund zu vereiteln habe. So sollte dem Bauer gezeigt werden, dass der alte Sultan doch noch zu etwas tauge. Der Plan gelang. Aus Dankbarkeit streichelte der Bauer den Hund und sagte zu ihm: „Dir soll kein Härchen gekrümmt werden, du sollst dein Gnadenbrot essen, solange du lebst."*

Die Geschichte wäre hier zu Ende erzählt, wenn der Wolf nicht vom Hund für seinen Dienst eine Gegenleistung verlangt hätte. Der Wolf erwartete vom Hund, ihm die Möglichkeit zu geben, sich vom Bauern ein Schaf zu holen. Doch Sultan hielt dem Bauern die Treue und erzählte ihm vom Vorhaben des Wolfes. Stattdessen verjagte der Bauer den Wolf mit einem Dreschflegel vom Hof, wofür der Wolf sich rächen wollte.

Doch dazu kam es nicht. Der Racheversuch schlug fehl, weil Sultan mit der dreibeinigen Katze den Wolf derart irre machte, dass der Wolf und sein Gehilfe, das Schwein, ins Laub bzw. auf den Baum flüchteten. Von nun an war der Frieden wieder gesichert.

Was ist das Altsein wert, vor allem dann, wenn sich Begrenztheit und Gebrechlichkeit offenbaren? Der Bauer denkt utilitaristisch[66]. Für ihn ist nur brauchbares, nutzbringendes Leben lebenswert. Die Bauersfrau will das Leben des alten Sultans in Dankbarkeit schützen. Sie denkt an das Vergangene, was der Hund in seinen „guten Zeiten" geleistet hat. Es macht sie traurig, wenn gealterte Wesen, wie hier der Hund, ihre Daseinsberechtigung unter Beweis stellen müssen.

Solidarität und gegenseitige Hilfe unter den Generationen ist Ausdruck wertschätzender Menschlichkeit. Sie gehören zu einer humanistischen Gesellschaft. Gesetzlich und moralisch haben gealterte Menschen heute einen wichtigen Platz. Wir können daran die Qualität unserer Gesellschaft messen. Doch im Kleinen gedacht, drängt sich dennoch immer wieder die Frage nach dem eigenen Wert im Alter auf.

Menschen wollen bis ins hohe Alter nützlich sein. Können sie es nicht mehr, drücken sie ihrem Leben den Stempel der Minderwertigkeit oder Unbrauchbarkeit auf. Das ist dadurch begründet, weil sie den Wert des Lebens an Nutzen bringende Tätigkeiten knüpfen: Der Mensch ist wertvoll, wenn er eine wertschöpfende Leistung, einen Nutzen erzielt.

Dieser Gedanke findet nicht nur bei denen Beachtung, die bereits in ihrem Lebensabend sind. Unsere Arbeitswelt ist ausschließlich darauf ausgerichtet, weil die Nutzen bringende Arbeitskraft für eine unternehmerische Wertschöpfung rekrutiert wird. Der Denkfehler

---

[66] Unter Utilitarismus wird eine Auffassung über das Leben verstanden, dessen Wert und Sinn in der Zweckmäßigkeit und Nützlichkeit begründet ist. Ein gutes Leben ist jenes, das Nutzen bringt bzw. auf Nützlichkeit ausgelegt ist.

besteht jedoch darin, dass Arbeitskraft mit Menschsein gleichgesetzt wird. Verschwindet die Arbeitskraft mit ihrer Nützlichkeit in die zunehmende Bedeutungslosigkeit, schwindet mit ihr das Menschsein. Die Bauersfrau hat sich dagegen gewehrt, zu Recht.

Den Wert des Menschseins an Leistungsfähigkeit und Altern zu knüpfen offenbart den vordergründigen Blick auf Zeit. Das geschieht, wenn das Altern eines Menschen in Verbindung mit nachlassender Leistungsfähigkeit gebracht wird. Dieser Zusammenhang ist nicht vollends zu ignorieren. Dennoch ist anzumerken, dass der Mensch damit auf seine Arbeitskraft reduziert wird. Der Wert des Menschen wird durch dessen Arbeitskraft bestimmt. Der Wertverlust an menschlicher Arbeitskraft wird mit einem Wertverlust menschlichen Seins verknüpft.

Um einem derartigen Fehlschluss nicht zu erliegen, lässt sich der alte Sultan etwas einfallen. Er will beweisen, dass er trotz Gebrechlichkeit noch zu etwas tauge. Warum muss es erst soweit kommen? Trägt nicht auch ein gealterter Mensch Ressourcen, die das Menschsein wertvoll machen? Hat der bzw. die Alte nicht auch das gute Recht, den Lebensabend in Müßiggang zu genießen? Der jahrzehntelange Dienst eines Menschen ist nicht nur Zeugnis gegenwärtig erbrachter Wertschöpfung, sondern zugleich ein Wechsel auf ein im Alter zu erwartendes Leben. Gegenwärtiges kommt mit Zukünftigem einher. Der Wert einen Menschen lässt die Zeit vergessen.

Die Lebenszeit (nacherzählt) schildert eindrucksvoll die Alternsgeschichte des Menschen. Sein unbändiges Streben nach mehr Lebensjahren schien damals wie heute ungebrochen zu sein. Hier geht es nicht darum, das Altern aufzuhalten oder eine Verjüngung zu erreichen. In dieser Erzählung wird der menschliche Wille, unter allen Umständen an Lebensjahren zu gewinnen, karikiert.

„Als Gott die Welt geschaffen hatte" wies er seinen Kreaturen angemessene Lebensjahre zu. Für den Esel sind es dreißig Jahre. Der jedoch sprach zu Gott: *„Ach, Herr, [...] das ist eine lange Zeit"* für Plage und Mühsal; *„erlass mir einen Teil der langen Zeit."* Gott erbarmte sich und gab dem Esel nur achtzehn Lebensjahre.

Der Herr wollte dem Hund etwas Gutes tun und ihm dreißig Jahre schenken. Doch dieser sah sich gleichsam mit diesem Geschenk in Bedrängnis. Der Hund antworte Gott: *„[...] bedenke, was ich laufen muss, das halten meine Füße so lange nicht aus; und habe ich erst die Stimme zum Bellen verloren und die Zähne zum Beißen, was bleibt mir übrig, als aus einer Ecke in die andere zu laufen und zu knurren?"* So wurde das Hundeleben ebenso auf achtzehn Jahre gesetzt.

Der Affe sah gleichsam seine Not und bat den Herrn um Lebensverkürzung, weil er das Faxen und Späße machen für den Menschen auf so lange Dauer nicht aushalte. Gott war ihm gnädig und schenkte ihm zehn Jahre.

Zu guter Letzt trat der Mensch dem Allmächtigen gegenüber. Er fragte den Menschen, wie lange er leben wolle. Im Brustton der Überzeugung machte der Mensch Gott deutlich, wie wenig die von ihm gewährten Menschjahre sind. *„[...] verlängere meine Zeit [...] Das ist nicht genug. [...] Immer noch zu wenig",* beklagte sich der Mensch, als er die nicht vergebenen Lebensjahre des Esels, Hundes und die des Affen mit Unzufriedenheit von Gott einsammelte.

Insgesamt verfügte nun der Mensch über siebzig Lebensjahre. Die ersten dreißig leben sich schnell als Menschenjahre dahin. Es folgten die achtzehn Eselsjahre, Arbeit mit wenig Lust und viel auferlegter Last. Dann folgten für den Menschen die sogenannten zwölf Hundejahre: in der Ecke liegend, knurrend und keine Zähne zum

Beißen. „*Und wenn diese Zeit vorüber ist, so machen die zehn Jahre des Affen den Beschluss. Da ist der Mensch schwachköpfig und närrisch, treibt alberne Dinge und wird ein Spott der Kinder.*"

Die Lebenserwartungen sind gestiegen. Das menschliche Leben ist angesichts des wissenschaftlich-technischen und medizinischen Fortschritts in vielem leichter geworden. Die Sehnsucht, immer älter zu werden, **jedoch nicht alt zu sein**, ist geblieben. Sie wird sich nicht aufheben lassen. Der Mensch sucht nach jeder Gelegenheit, sein irdisches Leben zu genießen – solange er gesund ist.

Die Furcht über die unwiderrufliche Endlichkeit des Lebens ist ungebrochen und wird durch verlängerte Lebenszeitsehnsüchte in Erinnerung gerufen. Ist es nicht angebracht, dem Altwerden und Altsein mit Respekt zu begegnen, statt der Lebenszeit hinterherzulaufen? Viele gelebte Jahre verdienen Anerkennung und menschliche Wertschätzung. Wir tun gut daran, diesen alt gewordenen Menschen Einfühlungsvermögen und Verständnis entgegenzubringen. Das gealterte Leben ist mit Leben gefüllt. Ist es gut geworden, verliert Lebenszeit an Bedeutung und füllt sich mit Zeitvergessenheit.

Das gelingt nicht in jedem Fall. Es ist nicht selten die menschliche Angst, sich der eigenen Endlichkeit und Verletzlichkeit anzunehmen. Es sind die Befürchtungen, das Leben nicht hinreichend gelebt zu haben und im fortgeschrittenen Alter Versäumtes nachholen zu müssen. Der Wille, sich über diese vergangene Lebenszeit hinwegzusetzen, ist die Einsicht, sich dem Lebenswerten im Älterwerden zuzuwenden.

Wir haben uns diesen Fragen und Botschaften zu stellen, wenn es darum geht, dem persönlichen Anspruch gerecht zu werden, im höheren Alter ein angemessen gutes Leben führen zu wollen.

Epilog

ZEIT - MENSCH - ZERRISSENHEIT

Über
Gesundheit und Schnelllebigkeit
in der spätmodernen Gesellschaft

MENSCH & GESELLSCHAFT IN DEPRESSION
Zeitfluss, Gesundheit und das gute Leben

DAS ERSCHÖPFTE ICH
Leben & Gesundheit in einer *ver*rückten, schnelllebigen Zeit

Zwei leicht überarbeitete Vortragsmanuskripte
aus den Rostocker Philosophischen Tagen
2016 und 2018

MENSCH & GESELLSCHAFT IN DEPRESSION
Zeitfluss, Gesundheit und das gute Leben

Es ist ein zutiefst menschliches Bedürfnis, ein Leben in Wohlstand und Freiheit, in Mitbestimmung und Eigenverantwortung zu führen. Mit der Aufklärung seit über 200 Jahren ist der Mensch der Verwirklichung dieser Werte ein großes Stück näher gekommen und lebt in der heutigen Spätmoderne.

Werfen wir einen Blick auf das Leben in unserer heutigen Gesellschaft, so lebt der Mensch dieses in Wohlstand, mit Gütern an Überfluss. Er kann sein Leben nicht nur leben, sondern gleichsam gestalten *und* genießen – es *er*leben. Er verfügt heute über eine Lebensqualität, die an vielen Orten dieser Welt ihresgleichen sucht.

Was der Mensch will, was wir alle wollen – das ist ein *gutes* Leben – ein Leben frei von Zwängen, *selbst*bestimmt, eigenverantwortlich und von Vernunft getragen. Stattdessen ist das Leben vieler in unserem Lande bestimmt durch Leistungsdruck, Arbeitsverdichtung in Gestalt von mehr Arbeit in gleicher oder gleich viel Arbeit in weniger Zeit.

Das Phänomen der *Selbstausbeutung und Selbstentfremdung* gehört zum Arbeits- und Lebensalltag vieler Menschen in unserer Gesellschaft. Die Folgen des Lebens in der heutigen Zeit sind unübersehbar. Das alltägliche Leben zeigt sich in *Verunsicherung, Ängsten und Depressionen*. Die Flucht in Krankschreibung oder in ein legalisiertes Doping, um die Arbeit mit hoher Leistungsfähigkeit bewältigen zu können, ist nicht weniger geworden. Alljährliche Gesundheitsreports der gesetzlichen Krankenkassen (GKV) machen es deutlich.

Die Botschaft ist nicht zu übersehen: Die Lebensbewältigung in unserer heutigen Zeit scheint für viele Menschen an ihre Grenzen zu stoßen.

Der Mensch in der modernen Gesellschaft, in der wir heute leben, hat sich insbesondere seit den 60er-Jahren des vergangenen Jahrhunderts aus gemeinschaftlichen Zwängen und Kontrollen herausgelöst und sich auf den Weg zu einem eigenverantwortlichen und selbstbestimmten Subjekt gemacht. Dieser Weg ist mit Stolpersteinen gepflastert. Ein gewordenes, in Freiheit und Selbstbestimmung *agierendes Subjekt* verwandelte sich zusehends *zum Objekt* seines eigenen Daseins und Handelns. Oder anders formuliert: Dieser *moderne Mensch*, der sich das Ziel gesetzt hat, seine mit Lebenswelt mittels Technik allseitig und auch über sich selbst zu herrschen, wird auf seinem Wege immer mehr *von sich selbst* beherrscht. Er wird zum Sklaven seiner selbst. Er wird zum Sklaven seiner technischen Kreationen, seines erzeugten Wohlstandes, seiner Selbstschöpfung. Die Folgen dieses Weges sind, dass er sich immer mehr in *Selbsterschöpfung und Wirkungslosigkeit* verliert.

Das Fazit: Der Mensch von heute ist sein selbst erzeugtes, zeitzerissenes und erschöpftes Ich.

Das Paradoxon ist perfekt: Er ist darauf bedacht, selbstbestimmt in Freiheit und in Wohlstand zu leben. Doch dieses Ansinnen zeigt sich in seinem Handeln darin, dass er dabei ist, sein Leben immer mehr aus der Hand zu geben. Er ist dabei, sich *selbst* zu *ver*fremden, weil er den Zugang zu sich selbst, zu seinem menschlichen Wesen verliert.

Sein heutiges Dasein gestaltet sich –in seiner eigenen Geschichte vorangetrieben – zu einem *ent*fremdeten Selbst. Der Mensch der Spätmoderne entfremdet sich selbst von seinem eigenen Wesen, von dem, was das Menschliche in ihm ausmacht: Es ist seine Lust und

Freude am Leben, seine Kreativität und seine Vernunft im Handeln, seine Freiheit und Selbstbestimmtheit in seinem Sein, mit sich selbst und den anderen (Mit-)Menschen, die ihn umgeben und begleiten. Es ist seine Urwüchsigkeit, zugleich mit der Natur eins zu sein. Stattdessen ist sein Leben bestimmt durch Entfremdung vom Sinn der Arbeit als Persönlichkeits- und Lebensgewinn, durch Entfremdung von menschlich berührenden Begegnungen.

Worin ist dieser Souveränitätsverlust am Menschsein begründet? Woher rührt die Absurdität des Lebens in unserer Lebenswirklichkeit? Hat der moderne Mensch die Chance, sich wieder auf das zu besinnen, was er ist, statt sich von Zeit beherrschen zu lassen und zugleich gegen sie anzutreten? Wie soll oder muss diese Lebenssouveränität ausgestaltet sein, damit er sich nicht in einem erschöpften, verfremdeten Selbst verliert?

Diese Fragen berühren das heutige Menschenbild. Wir brauchen Antworten, um den heutigen Anforderungen gesellschaftlicher Entwicklung besser gerecht zu werden. Wir brauchen Antworten über Vorstellungen unseres heutigen Selbstseins, wie es sich menschlich in einer globalisierten, digitalen, multikulturellen Welt leben lässt.

Die Antwort darauf ist von derartiger Komplexität, so dass ich diese nur an *einem* Gesichtspunkt darstellen möchte, dem m. E. viel zu wenig Beachtung geschenkt wird. Es ist das *Phänomen ZEIT*. Es ist jene Zeit, die dem Leben einen temporären Rahmen gibt. Wir verinnerlichen Zeit mit unserem Leben. Es ist die Lebenszeit, in der das Leben seine Gestaltungskraft findet.

Die wechselseitige Wirkungsmacht von Zeit und Mensch wird offenkundig. Das Lebensspiel von Macht und Ohnmacht wird kaum deutlicher als das tradierte Zeitverständnis.

Jeder kennt das Gefühl, dass Zeit immer schneller vergeht. Wer wünscht sich nicht eine Verfügungsgewalt über das Anhalten von Zeit, vor allem dann, wenn Arbeit ansteht, die in einer festgelegten Zeit zu bewältigen ist und Verzug droht. Unermüdlich hetzen wir der Zeit hinterher, weil sie uns zu zerfließen scheint.

Der Trend zur Arbeitsverdichtung und Zeitbedrängnis ist ein generelles, in der Gesellschaft wirkendes Phänomen. Ist es im technischen Fortschritt begründet? Müssen wir die Ursachen in der zunehmenden Digitalisierung unserer Lebenswelt suchen, die die analoge Welt immer mehr zurückdrängt? Ist es das kapitalistische Wirtschaftssystem schlechthin? Oder finden wir die Quelle im Menschen selbst, in seinem unwiderstehlichen Drang nach Mehr, Weiter, Höher, mit seiner unerschöpflichen Neugier, die auch Gier und Machtbeflissenheit nicht ausschließt?

Wir haben uns den Entwicklungen zu stellen. Jammern und Klagen bringen nicht weiter, zumal das Wahrnehmen von Schnelllebigkeit in keiner Weise eine Besonderheit unserer Gegenwart ist. Wo neue Technik sich durchsetzt, beeinflusst sie menschliches Denken und Verhalten. Heute sind es die Digitalisierung und Globalisierung, die die Arbeitswelt grundlegend verändern. Das Besondere jedoch ist, dass technische Innovationen sich heute nicht mehr generationsübergreifend vollziehen, sondern derartige Innovationen immer mehr in *einer* Generation stattfinden.

Wir schleppen m. E. in unserem Alltagsdenken Denkhaltungen, Einstellungen und Verhaltensweisen über die Zeit in uns, die unserer Lebenswirklichkeit nicht gerecht werden. Das beginnt z. B. mit Formulierungen wie: „Ich habe keine Zeit." Oder: „Mir fehlt einfach die Zeit, das zu tun." Oder: „Mir läuft die Zeit weg."

Wir wissen, wie derartige Aussagen in unserem Alltag gemeint sind. Und dennoch sind sie m. E. irreführend, weil diese *Formulie-*

rungen unsere Denkinhalte und damit unser alltägliches Verhalten beeinflussen. Begriffe und Sprache prägen unser Verhalten. Sie sind gedankliche Auswürfe unseres Denkens und begründen unser Verhalten. Anders formuliert: Unkorrekte Formulierungen sind unkorrekten gedanklichen Bildern geschuldet. Es sind sprachliche Fehlbildungen, die wir in unserer Alltagssprache benutzen und die uns zu einem irreführenden Denken und Verhalten führen.

Was heißt das? Jeder von uns verfügt über 24 Stunden am Tag. Für jeden – egal, was er macht und was er ist, gilt die Zeitdimension einer Sekunde – nicht mehr und nicht weniger. Ist es also nicht richtig zu sagen: „Ich habe *dafür* keine Zeit.“, oder statt „Mir läuft die Zeit weg.“ besser zu formulieren: „Ich habe mir in dieser Zeit zu viel vorgenommen.“?

Es ist sprachlich holprig zum Ausdruck gebracht. Wir mögen auch verstehen, was mit dem Gesagten gemeint ist. Dennoch sollten wir wissen, wie Sprache und Formulierung prägend in unser Verhalten eingreifen.

Sie vermitteln uns den Eindruck der Verfügbarkeit, Machbarkeit und Veränderbarkeit von Zeit. Unser geprägtes Sinnbild für die Zeit ist die Uhr. Mit ihr sind wir in dem Glauben, die Macht über die Zeit zu verfügen. Der Mensch hat die Zeit in *sein* vermenschlichtes Bild gefasst. Er hat sie für sich gefügig gemacht.

Die Zeit ist für den Menschen weder verfügbar und noch veränderbar. *Zeit ist.* Geht es nicht vielmehr darum, sich ins Bewusstsein zu rufen, *was* wir *in dieser Zeit* machen, wie wir die gegebene Zeit mit unserem Handeln ausfüllen? Geschwindigkeit wird bestimmt durch Bewegung in der Zeit. Verhalten ist Bewegung. Arbeiten ist Bewegung in der Zeit. Insofern stellt sich Zeit als ein Abstraktum dar.

Worüber wir verfügen, ist die Arbeit in Inhalt, Art und Weise ihrer Gestaltung in der Zeit. Nicht mehr und nicht weniger. Das heißt, dass eine Einflussnahme auf die Zeit einzig und allein über die Lebens- bzw. Arbeitsgestaltung erfolgen kann. Und *diese* beginnt mit der inneren Haltung und Einstellung zum eigenen Leben.

Aus der vorab geschilderten Zeitperspektive, die an die menschlich verfügbare Zeitmacht geknüpft wird, werden nicht wenige Krankheitsbilder und Krankschreibungen zum Symptomträger eines unangemessenen Umgangs mit Arbeit und der Lebensweise.

Dieser Gedanke führt uns zur These: Wir haben kein Lebenszeitproblem, sondern ein Arbeitsbewältigungs- bzw. ein Lebensgestaltungsproblem. Nicht die Zeit ist „schuld", dass wir mit ihr nicht klarkommen, sondern es ist unsere Sicht auf deren Existenzform, die wir mit menschlichem Leben und Technik verbinden. Wir können nicht Zeit in die Verantwortung nehmen, wenn es uns nicht gelingt, Leben und Arbeit in die natürliche Zeitgegebenheit einzuordnen.

Die Folgen unserer verzerrten Sicht auf die Zeit sind gravierend. Wir haben der Zeit mit unserer heutigen Lebens- und Arbeitsdaseinsweise *ihren natürlichen Takt und ihre natürliche Struktur* genommen. Dieser *Entzug* ist nicht naturbegründet, sondern ausschließlich ein Produkt des Menschen selbst: Nachtzeiten werden zu Tagzeiten. Arbeitszeiten kennen keine Pausen- bzw. Entspannungszeiten. Das Wochenende als Zeit der Entspannung und aktiver Ruhe entpuppt sich als zweite Arbeitszeit. Die Winterzeit wird in den Ferien durch Ortswechsel zur frühen Sommerzeit gemacht. Die alljährliche Umstellung unserer Uhr von Winterzeit in Sommerzeit und umgekehrt verfestigt den Gedanken der Verfügbarkeit und Veränderung von Zeit. Die Folgen sind unverkennbar: Naturbedingte Zeitstrukturen verlieren in den Augen digitalisiert und globalisiert lebender Menschen ihre Wertschätzung und Aufmerksamkeit.

Zeit *zerfließt* im doppelten Sinne: Der moderne Mensch erzeugt *einerseits* selbst eine naturfremde Zeit der Takt- und Rhythmuslosigkeit. Die Naturzeit als Lebensgestaltungshilfe verliert sich. Mit dem scheinbaren Verschwinden an deratigen Zeitstrukturen im gesellschaftlichen Leben entsteht ein Maß an Grenzenlosigkeit von Zeit. Diese wiederum bringt in der menschlichen Wahrnehmung Veränderungs- bzw. Entwicklungslosigkeit in unserem Leben hervor. Was am Ende bleibt, ist ein Leben in ruheloser Belanglosigkeit, Verlust an Lebensqualität und Lebenssinn.

Die Zeit zerfließt *andererseits* auch dadurch, weil der Mensch mit seiner derartigen Lebensweise die Herrschaft über die Zeit verliert, weil er das gute Gefühl für die Lebenszeit verloren hat. Er lässt es zu, sich von der Zeit beherrschen zu lassen, statt *sie* als Gegebenes *taktvoll* für eine sinntragende Lebensgestaltung einzusetzen. Der Mensch verliert infolgedessen die Selbstverfügbarkeit über das Leben. Die Lebensgestaltung wird zur *Banalität ab*gestuft.

Wir verlieren uns in der Zeit, je mehr wir unser Leben einem Zeitregime unterordnen. Je mehr wir uns der Zeit unterordnen, uns von ihr beherrschen lassen, statt die Zeit als ein Lebensmedium gezielt zu unserem eigenen Wohlsein zu nutzen, desto mehr machen wir uns zum Objekt. Statt selbstbestimmt zu sein, machen wir uns fremdbestimmt. Statt unser Leben in Freiheit und Eigenverantwortung zu gestalten, legen wir uns selbst Fesseln zeitlicher Unfreiheit an und machen uns selbst zu einem unmündigen Bürger.

Wir wissen alle von diesem Zeit-Dilemma und wollen *diesem Zerfließen an Zeit* entgegentreten. Was wir i. d. R. tun ist, dass wir unsere inneren Antreiber mobilisieren – einige von diesen heißen: „Sei perfekt!", „Streng dich an!" oder „Mach´ es schnell!" Das Handeln nach diesen Imperativen ist eine unserer Zeit- und Lebensgestaltungsfallen. Schnappen sie zu, sind Angst, unangemessene Arbeitsbewältigung und wahrgenommene Überforderung auf dem Weg zum Burnout nicht mehr weit, weil wir es uns nicht erlauben wollen zu sagen: „Sei nicht perfekt!", „Streng dich einmal nicht an!" oder „Mach´ es nicht schnell, sondern langsam oder gar nicht!"

Beginnen wir, mit diesen Irrtümern aufzuräumen. Rücken wir unser Zeitverständnis in ein *angemessenes Lebenslicht:*

These 1: Zeit ist für alle gleich viel (bzw. wenig). Wir erleben Zeit nur über unser Verhalten. Wer sagt, er habe keine Zeit, sollte besser sagen: „Ich habe *dafür* keine Zeit." Die Wahrnehmung für die Wichtigkeit und Dringlichkeit bei der Einordnung der Lebensdinge hinsichtlich ihrer Bedeutsamkeit ist *entscheidend.* Es gilt der *Grundsatz*: „*Statt die Dinge richtig zu machen, mache die richtigen Dinge!"*

These 2: Zeit ist für uns *nicht* gestaltbar und damit *un*verfügbar. Sie existiert unabhängig von unserem menschlichen Sein und ist in keiner Weise und zu keiner Zeit beeinflussbar. Wir erfahren Zeit in unserem Denken und Erleben durch unser Verhalten – *nur* über Lebensgestaltung, durch unser *bewegtes* Dasein. Wenn wir etwas an der Zeit „verändern" wollen, dann müssen wir unser Denken *und* Verhalten verändern.

These 3: Zeit ist an sich ein existenzielles, unendliches und unbegrenztes Kontinuum. Sie ist für uns *Menschen jedoch endlich und begrenzt*, weil unser Dasein endlich und begrenzt ist. Zeit ist für uns Lebenszeit und in diesem Kontext ein wichtiges Lebensgut, das aber *nur mit* der Gestaltung des Lebens seinem Ausdruck und Sinn findet.

These 4: Wir verlieren die Sicht auf die Naturzeit, wenn wir unserem Leben die *Er*lebenszeit als eine *bewusst* zu gestaltende Lebenszeit nehmen. Das äußert sich in unserer Unbeherrschtheit im Umgang mit der Zeit. Diese Unbeherrschtheit ist Ausdruck mangelnder Souveränität, die uns zu einer verzerrten Zeitvergessenheit führt. Wir gewinnen die Souveränität über die (Natur-)Zeit dann wieder, wenn wir ihr das zurückgeben, was sie für uns sein kann: ein *an die Natur gebundenes* Zeiterleben und kein Leben in der (Kunst-)Zeit.

Dieses Zeiterleben ist nur möglich über die Gestaltung von Lebensstrukturen, indem wir uns auf das Wesentliche konzentrieren und das Unwesentliche zurückstellen. Lebenszeit ist als bewusstes Zeiterleben durch Lebensgenuss an Lebenszeit so zu gestalten, dass wir aus den Dingen des Lebens einen Genuss ziehen.

These 5: Naturzeit zu vergessen ist für die Lebensgestaltung gefährlich, weil sie ein Status-quo-Denken statt Entwicklungsdenken befördert. Eine derartige Zeitvergessenheit animiert zu Stabilitäts- bzw. Fiktionsbetrachtungen der Lebenswirklichkeit, statt den Blick auf Veränderungen zu lenken, die nur im Kontext mit und im Rhythmus der Naturzeit verstehbar sind. Diese Art von Zeitvergessenheit ist jenes Denken, die uns in Zeitnot bringt. Nicht das Denken mit jener Zeit, sondern das vorzugsweise Denken in der vom Menschen geschaffenen Kunstzeit erzeugt den Lebens- und Handlungsdruck.

Insofern sitzt uns nicht die objektive *Zeit* im Nacken, die *Druck auf den Menschen* erzeugt, sondern der Mensch selbst sitzt sich im Nacken. Es ist entweder die Verdichtung der *Arbeitsmenge* in bestehender Zeit oder es ist die Bewältigung eines *gleichen* Tätigkeitsvolumens in *kürzerer* Zeit. Beides erzeugt Druck. Dieser Druck wird sich erst dann auflösen, wenn der Mensch bereit ist, sich von *Quantitäten an Zeit, Arbeits- bzw. Tätigkeitsmengen* zu lösen und diese in Qualitäten umzuformen.

134

Das führt uns zum *Normativ neuerlicher Lebenszeitorientierung*: Wandle die Zeit, die bestimmt ist durch vergessene, nicht angewandte, natürliche Zeitstrukturen wie Tag und Nacht, morgens, vormittags, abends oder Jahreszeiten in eine neue Zeitvergessenheit um, indem nicht die Kunstzeit zum Maßstab alles guten Lebens macht wird, sondern die Dinge selbst, die das Leben bewegen mögen. Es geht darum, in eine Zeitvergessenheit hineinzugehen, indem wir uns *nicht* auf diese Zeit, sondern uns auf die Lebensdinge und auf den *Inhalt unseres Handelns* konzentrieren.

Qualität an Zeit entsteht, wenn wir der Lebenszeit einen Sinn, einen Wert bzw. eine Bedeutung geben, was durch menschliches Verhalten entsteht, z. B. in Gestalt von helfen, nützlich sein, menschliche Beziehungen aufzubauen und zu pflegen oder sich in der Persönlichkeit weiterzuentwickeln.

Der technische Fortschritt ist der Antrieb menschlicher gesellschaftlicher Entwicklung. Beschleunigung in der Technikentwicklung ist kein besonderes Phänomen von heute. *Sie* gibt es, seitdem technische Revolutionen immer wieder Bahnen in unser Leben brechen. Doch diese ist nicht frei von Gefahren einer Lebenszeitbedrängnis.

Der Glaube, dass Technikentwicklung mehr Freizeit freisetzt, hat sich schon lange als Irrglauben entpuppt. Lösen wir uns von diesem Irrglauben, dass Neues an Technik uns mehr Zeiträume bietet. Selbst wenn das so genannte Mehr an Zeit möglich wäre und neue Technik uns Zeit „schenken" würde, so wären wir schnell dabei, diese Zeit mit Tätigkeiten neu aufzufüllen, statt sie für ein Innehalten, Neudenken oder Kräftesammeln zu nutzen.

Selbst wenn der technische Fortschnitt mehr Beschleunigung an Information oder Überwindung von Zeit und Raum ermöglicht, hieße das noch lange nicht, dass wir einem Beschleunigungszwang ausgesetzt wären. Dieser wird ausschließlich durch den Menschen erzeugt, durch sein Konkurrenz- und Profit- und Gierverhalten, bestimmt durch ein Verhalten, immer mehr haben zu wollen.

Mit der so genannten *Zeitbeschleunigung* stellt sich die Frage nach deren Begründbarkeit. Wer oder was ist der Produzent, der das Produkt Zeitbeschleunigung hervorbringt? Hier wird deutlich zu machen sein, in welchem Kontext wir eine derartige Zeitbeschleunigung ansiedeln und diskutieren wollen: Ist Zeitbeschleunigung ein vom Menschen unabhängig existierendes Naturphänomen? Ist Zeitbeschleunigung ein mit der Technikentwicklung erzeugtes Phänomen oder ein Produkt gesellschaftlich-ökonomischer Verhältnisse, die die Zeit der Profitmaximierung unterwirft. Kein Wirtschaftssystem hat die Zeit für sich so vereinnahmt wie das kapitalistische. Wurden Mensch und Zeit durch diese Vereinnahmung in Geiselhaft genommen? Wird der Mensch und mit ihm die Zeit ent- und damit verfremdet, oder ist alles nur eine menschliche Einbildung, ein Produkt unserer Gedanken, eine Fiktion?

Wir sollten uns *auch* von dem Irrglauben trennen, dass der Mensch in der Lage sei, sich mit der Beschleunigung des technischen Fortschritts *permanent* an diesen anpassen zu können. Die Biologie des Menschen hat sich in den letzten 40.000 Jahren nicht grundlegend verändert. Körper und Psyche des Menschen sind für ein einfaches und langsames, naturgemachtes Leben bestimmt. Da der Mensch über ein über alle Maßen hinausgehendes geistig-kognitives-kreatives Potenzial verfügt, kann er Technik als die zweite Natur des Menschen kreieren. Es ist ein von ihm geschaffenes Werkzeug, das in der Lage ist, die *erste* Natur zu überlisten. Diese Technikkreationen, zu denen er fähig ist, übersteigen m. E. das Maß deren Beherrschung und letztlich das seiner selbst.

Die *Eigendynamik* an Technikentwicklung – nicht allein befördert durch menschliche Neugier, sondern auch, um mit ihr Macht zu erlangen – bringt den Menschen an seine natürliche Grenze, die in Unzufriedenheit und in nicht zu bewältigenden Lebenssituationen ihren Ausdruck findet.

Seit einiger Zeit hat der *Begriff der Entschleunigung* in unser Denken und Handeln Einzug gehalten, um mit ihm der Beschleunigung entgegenzuwirken. Wer über Beschleunigung spricht, kann nicht meinen, dass die Zeit schneller wird, sondern *nur sein Verhalten, sein Tätigkeitsvolumen in der Zeit*. Und umgekehrt, wer auf Entschleunigung setzt, wie in vielen Ratgeberbüchern und Illustrierten empfohlen, sollte wissen, dass Zeit sich nicht verlangsamen lässt.

Drei Imperative (Soll-Sätze) im Umgang mit Zeit und insbesondere mit der Zeit-Entschleunigung, nach denen wir unser praktisches Leben gestalten, sind in unserem Alltag präsent:

Erstes Normativ: Mache in der dir gegebenen Lebenszeit alles gut und richtig! Denn *nur* dafür wirst du belohnt.

Zweites Normativ: Mache, wenn du kannst, *weniger* in der dir verfügbaren Zeit!

Und das *dritte Normativ*: Kannst du auf dein Arbeitsvolumen nicht verzichten, strecke dieses in der Zeit!

Diese Lebensnormative bedürfen m. E. einer kritischen Betrachtung und laden zum Diskurs ein. Und wenn sie der Kritik bedürfen, was ist diesen Normativen entgegenzustellen? Gibt es formulierbare Anti-Normative? Wenn ja, wie könnten diese heißen?

Gibt es Normative, die sich diesen drei genannten Normativen entgegenstellen und ebenso einer Überprüfung unterzogen werden sollten? Das Anti-Normativ zur ersten These ist bestimmt durch die

Frage nach dem Verhältnis von Dringlichkeit und Wichtigkeit. Dieses Anti-Normativ heißt: Mache nicht die *Dinge* richtig, sondern mache die *richtigen Dinge*! Das heißt, unterscheide das Wichtige vom Unwichtigen, konzentriere dich auf das Wesentliche statt auf das Unwesentlichem im Leben! Das ist aber nur möglich, wenn ich über ein bewusstes, selbstentwickeltes Wertebild mit einem dazugehörigen Ranking verfüge.

Das Anti-Normativ zwei, das die obengenannten Normativen zwei und drei infrage stellt, heißt: Wir müssen die beschleunigte Welt nicht entschleunigen, sondern abschließen. Byung-Chui Han, der ein Buch mit dem Titel „Müdigkeitsgesellschaft"[67] schrieb, schlägt vor, *nicht* unsere beschleunigte Welt zu *entschleunigen,* sondern *abzuschließen.* Er meint, die Beschleunigung habe ihre Ursache in der allgemeinen Unfähigkeit des Menschen, einen Arbeitstag zu schließen bzw. abzuschließen. Er meint: Wir kommen einfach nicht mehr zum Schluss und sind vom Glauben besessen, immer weiter machen zu müssen.

Deshalb die Frage: Was kann ein *gutes Leben* im Umgang mit der uns verfügbaren Zeit sein?

Acht Leitgedanken mögen den Diskurs unterstützen:

1. Mit dem Wissen und dem Bewusstsein, dass unsere persönliche Zeit an das Leben gebunden und damit begrenzt und endlich ist, sollten wir mehr Respekt vor dem Phänomen Zeit haben, um so unserem Leben in der Zeit angemessene Achtung und Ehrfurcht entgegenzubringen zu können. Wir sollten gegenüber der Zeit mehr Demut zeigen und zwar vor dem Hintergrund, dass unser Leben begrenzt und verletzlich ist. Geben wir der Zeit, in der sich

---

[67] Vgl. a. a. O., Verlag Maatthes & Seitz Berlin 2010

unser Handeln vollzieht, mehr Aufmerksamkeit über unser bewusstes Handeln. Die Qualität unseres Handelns ist letztlich bestimmt über die Wertigkeit von Zeit, weil Zeit selbst keinen Sinn hat.

2. Wer sein Leben vordergründig in zeitlichen Dimensionen gestaltet, läuft Gefahr, das Gute des und am Leben zu verlieren, das, was es an Güter, an Gutem, in und mit Güte ausmacht.

3. Bereichern wir unser Leben durch Konzentration auf das Wesentliche, auf das Weniger, auf das an Lebensqualität Mehrmachende. Das ist dadurch möglich, indem wir dem Leben mehr Genuss schenken, indem wir auf solche Werte des Lebens achten wie Gesundheit oder Wohlergehen.

4. Machen wir unser Leben *einfacher*, indem wir Komplexitäten des Lebens auflösen und uns in der Einfachheit des Lebens üben. Räumen wir auf und entrümpeln wir das Leben, was uns unnütz, unbrauchbar, wenig sinngebend erscheint. So finden wir wieder *Zugang* zu den eigenen Werten des Lebens, zu dem, was uns wichtig ist. Der Verzicht auf ein Mehr kann in dem Weniger ein neues Mehr an Lebenssinn und Lebensqualität sein.

5. Wir gewinnen an Lebensqualität durch *Zeitnormalisierung*. Zeitnormalisierung ist ein Leben an eine natur- bzw. lebensgebundene Zeit. Es ist ein Leben in einem so genannten Bio-Rhythmus. Wir gewinnen auch an scheinbarer Zeit, indem wir Mut zur Lücke haben, Mut zum Weglassen, den Mut haben, 80%ige Ergebnisse als gut bzw. als erfüllt zu akzeptieren.

6. Wir können *keine Zeit* füllen oder *mehr* gewinnen. Wir füllen den Zeitsack nicht mit Zeit, sondern mit Handlungen. Wir entscheiden eigenverantwortlich, wie viel Fülle an Handlungen unser

Zeitsack verträgt. Je mehr wir an Handlungen, Tätigkeiten, Aufgaben, Zielen o. ä. in diesen fiktiven Zeitsack hineinlegen, ja hineinstopfen, desto mehr kommen wir in Bedrängnis. Finden wir also heraus, wie viel in den Zeitsack hineinpasst – besser hineingehört, damit die Dinge des Lebens in diesem Sack Raum haben und sich wohlfühlen können.

7. Üben wir uns in *Gelassenheit und Achtsamkeit*. Sie sind Werte unseres Lebens, die uns den Raum und die Zeit für eine bewusste Lebensgestaltung geben. *Gelassenheit* heißt, mit einer Portion Selbstwert und Distanz die Dinge des Lebens in Beschaulichkeit anzugehen. Geduld und Warten können dabei die *kleinen* Helfer sein. *Achtsamkeit* heißt, die Aufmerksamkeit auf das Hier und Jetzt der Dinge des Lebens zu lenken und sich mit vollem Bewusstsein auf das Selbst konzentrieren zu können. Die Grundlage dafür bildet die Aufmerksamkeit.

8. *Entschleunigen* wir nicht nur, sondern sagen wir *auch „nein"*, zu dem, was wir nicht wollen. Wir bekennen uns zu unserer eigenen Verletzlichkeit und Begrenztheit. Wir sind bereit für Zeitbrüche, indem wir lernen, mit Tätigkeiten aufzuhören bzw. abzuschließen. Aufhören und Abschließen sind im menschlichen Handeln Wege, technisch und ökonomisch gesetzte Grenzen- und Zeitlosigkeit aufzulösen und auf das Leben bezogene Zeittakte zu orientieren.

Wir sind gut beraten, Grenzen im Umgang mit und in der Menge von Dingen des Lebens sowie im Umgang mit der Zeit zu setzen, indem wir unsere Sicht auf die Zeit über unsere Einstellung und unser Verhalten zu den Lebensdingen verändern.

Es ist auch gut, im täglichen Umgang mit anderen Menschen herauszufinden, welche von ihnen für das eigene Leben, für das Wohlbefinden und das persönliche Fortkommen wichtig sind.

Es ist schwer bei der Hülle und Fülle, die das Leben bietet, Stopps zu setzen. Vor fünfzig und mehr Jahren lebten wir in einer Mangelgesellschaft. Heute haben wir eine Gesellschaft mit Überfluss. Werden wir uns dieses Übermaßes nicht bewusst, verlieren wir die Lebenslust. Das gute Leben, das Streben nach Lebensglück gehen mit dem Streben nach Zeiteffizienz unter.

Doch wir entsagen uns ungewollt das Streben nach dem Guten des und im Leben, weil wir der Überzeugung sind, dass wir bei aller Endlichkeit unseres Lebens *das Leben* verpassen würden. Wir füllen es mit vielen Dingen oder nehmen uns nicht bewusst die Auszeit, die unser Leben braucht. Diese Auszeit vom Leben ist jene Zeit, die das Leben benötigt, um selbst gehört zu werden. Von der Zeit weg zu sein, sich von ihr zu distanzieren, gehört zum guten Leben einfach dazu.

Stopps in unserem Leben zu setzen hilft, Lebens(über)fülle durch Lebensqualität zu ersetzen, ohne gänzlich auf ein gutes Leben zu verzichten. Eine gemäßigte Menge an Lebensgütern senkt nicht zwangsläufig den Wert des Lebens, sondern steigert ihn in Form von Lebensgüte und stärkt den Lebenssinn.

Geben wir unserem Leben bewusst und achtsam sinnstiftende Aufmerksamkeit und Wertschätzung! Schenken wir unserem Leben die Freundlichkeit, so wie uns das Leben geschenkt wurde.

Freundlichkeit erzeugt Güte und Güte erzeugt Magie –
eine Faszination, die das Leben alltäglich wie ein Wunder
und zugleich wertvoll erscheinen lässt.

DAS ERSCHÖPFTE ICH
Leben & Gesundheit in einer *ver*rückten, schnelllebigen Zeit

„Es gibt tausend Krankheiten und nur eine Gesundheit" vermochte uns der Lebensphilosoph Arthur Schopenhauer aus dem 19. Jahrhundert warnend ans Herz legen. Ja, die Gesundheit ist eine ganz wichtige Eigenschaft unseres Lebens. Mit ihr steht und fällt unser Wohlbefinden, unsere Freude am Leben und an der Arbeit, die Lust nach sozialen Kontakten. – Wir können mit Fug und Recht sagen: Gesundheit bestimmt unsere Lebensqualität.

Doch unser Leben spielt sich gegenwärtig in einer sehr verrückten Zeit ab. *Ver*rückt deshalb, weil wir ein Leben in wirtschaftlichem und sozialem Wohlstand leben können und das uns doch krank. Wir leben mit einem nie dagewesenen technischen Fortschritt und einer Hochleistungsmedizin. Doch bringt sie uns automatisch eine bessere Lebensqualität? Wir sind in einer Arbeits- und Lebenswelt, die uns sehr vieles leichter macht und dennoch sind wir erschöpft und krank. – Das alles scheint sehr paradox und unlogisch zu klingen.

Statt unser Leben leichter, freundlicher zu sehen, statt es mit mehr Lust und Zuversicht zu erleben, ist das Arbeiten und Leben in vieler Hinsicht Krampf und Kampf.

Woran liegt das? Wer oder was macht uns das Leben so schwer? Wer hat die derzeitige Lebenssituation, in der wir leben, zu verantworten? Ist es der Kapitalismus? Ist es das Unternehmen, in dem wir arbeiten? Oder sind wir es selbst und bringen uns in einer derartige Lebenssituation?

Immer mehr ist die Rede von einem *erschöpften ICH* – einem ICH ohne Lebensfreude und ohne Lust an der Arbeit, krank in der

Seele, erschöpft in der Körperlichkeit. Davon sind insbesondere jene Menschen betroffen, die in der Gesundheits-, Sozial- und Pflegewirtschaft arbeiten, Studenten und Beschäftigte in leitender Position und des Managements. In Mecklenburg-Vorpommern (MV) leiden mehr als 100.000 Menschen an Depression. Zwei Drittel davon sind Frauen. In MV liegt der Krankenstand bei dessen Bürgerinnen und Bürger bei fast 6 %. Im Bundesdurchschnitt liegt er unter 5 %. Eine durchschnittliche Erkrankung in MV ist vier Tage länger als im Bundesvergleich. Das sind Aussagen, die in den letzten Jahren in Jahresberichten der AOK, TK oder DAK zu lesen waren.

Wir wollen alle ein gutes Leben, von Gesundheit bestimmt, frei von Zwängen, eigenverantwortlich und von Vernunft getragen. Stattdessen ist das Leben vieler in unserem Lande bestimmt durch Leistungsdruck, Arbeitsverdichtung in Gestalt von mehr Arbeit in gleicher oder gleich viel Arbeit in weniger Zeit.

Das Phänomen der *Selbstausbeutung und Selbstentfremdung* gehört zu unserem Arbeits- und Lebensalltag. Die Folgen des Lebens in der Moderne sind unübersehbar. Das alltägliche Leben zeigt sich in Verunsicherung, in Ängsten und Depressionen. Die Flucht in Krankschreibung oder in ein legalisiertes Doping, z. B. mit Hilfe von Retalin, um die Arbeit mit hoher Leistungsfähigkeit bewältigen zu können, ist nicht weniger geworden, wie Krankenkassen in ihren Gesundheitsreports deutlich machen.

Das Fazit ist: Die Lebensbewältigung in unserer heutigen Zeit stößt für viele Menschen an ihre Grenzen. Wie lässt sich das erklären und begründen?

Der Mensch in der modernen Gesellschaft hat sich insbesondere seit den 60er-Jahren des vergangenen Jahrhunderts aus gemeinschaftlichen Zwängen und Kontrollen herausgelöst und sich auf den

Weg zu einem eigenverantwortlichen und selbstbestimmten Subjekt gemacht. Auf dem Weg in Freiheit und Selbstbestimmung ist der Mensch mehr denn je zu einem *agierenden Subjekt* geworden. Im gleichen Zuge dieses Werdens verwandelte er sich *zum Objekt* seines eigenen Seins und Handelns. Anders formuliert: *Der spätmoderne Mensch*, der sich das Ziel gesetzt hat, seine Lebenswelt *mittels* Technik zu beherrschen, wird stattdessen immer mehr von sich selbst beherrscht. Er wird *zum Sklaven* seiner selbst. Er wird als Technikschöpfer zugleich Sklave seiner eigenen technischen Kreationen, seines selbst erzeugten und wachsenden *Un*wohlstandes.

Die Folgen menschlicher Selbstschöpfung sind, dass er sich zusehends in *Selbsterschöpfung und Wirkungslosigkeit* verliert.

Beispiel: Sehen wir uns die allgemeine Nutzung des Smartphones an. Sie ist für viele, vor allem für jüngere Menschen, eine Zwangsjacke alltäglichen Verhaltens geworden, ohne zu wissen, dass sie sich diese Zwangsjacke selbst angezogen haben. Wir bestimmen nicht über die Nutzung des Handys, sondern es bestimmt uns, unseren alltäglichen Lebensablauf. Ist diese Fremdbestimmtheit der Grund für das zunehmende erschöpfte Ich?

Über den technischen Fortschritt einen persönlichen Lebens- oder gar Gesundheitsgewinn zu erreichen, diese Vorstellung ist wie eine Seifenblase zerplatzt.

Das Fazit von allem und These zur Diskussion: *Der Mensch der Spätmoderne ist sein selbst erzeugtes **erschöpftes ICH**.*

Das Paradoxon ist nun perfekt: Der Mensch macht alles, um in Freiheit, Selbstbestimmtheit und Wohlstand zu leben. Doch sein Wollen zeigt sich darin, dass er dabei ist, sein Leben immer mehr aus der Hand zu geben. Er verliert den Zugang zu seiner eigenen Wesenheit. Er erlebt zunehmend den Verlust seines eigenen Resonanzbodens und seiner Resonanzmittel.

Wenn ich von dem Resonanzboden spreche, so meine ich die menschliche Fähigkeit zu besitzen, sich bewusst selbst zu reflektieren, sich anzusehen, sich in Achtsamkeit zu üben, auf sich zu achten, statt immer wieder den Blick auf die Äußerlichkeiten seiner Lebenswelt zu richten, statt den Scheinbildern unserer Lebenswirklichkeit hinterherzulaufen.

Je mehr der Mensch sich selbst fremd wird, nicht bei sich ist, je größer baut sich die Gefahr der Selbstentfremdung und des Krankwerdens auf. Er verliert sich, findet nicht den richtigen Zugang zu anderen Menschen und zur Natur. Selbst sein Verhältnis zur Technik ist gestört.

Kranksein heißt hier die fehlende Lust und Freude am Leben, der Verlust an lebendiger Kreativität. Das Leben ist entfremdet vom Sinn der Arbeit als Persönlichkeits- und Lebensgewinn. Es ist entfremdet vom Reichtum menschlich berührender Begegnungen.

Es stellt sich die Frage: Wodurch ist ein derartiger Souveränitätsverlust an Mensch- und Gesundsein begründet? Hat der moderne Mensch überhaupt eine Chance, wieder die Herrschaft über sich selbst zu gewinnen, statt weiter der Technik, der Industrie 4.0, der Künstlichen Intelligenz (KI) das Bestimmungsfeld zu überlassen? Wie soll oder muss diese Souveränität ausgefüllt sein, damit der Mensch sich nicht in einem erschöpften und verfremdeten Selbst verliert?

Diese Fragen berühren unser heutiges Bild vom Menschen. Was heißt, in unserer heutigen Zeit Mensch zu sein? Wir brauchen Antworten, um den heutigen Anforderungen gesellschaftlicher Entwicklung besser gerecht zu werden. Wir brauchen eine Antwort auf Vorstellungen unseres heutigen Selbstseins, wie es sich menschlich in einer globalisierten, digitalen, in einer multikulturellen Welt leben lässt und wie dieses verwirklicht werden kann.

Die Antwort darauf ist sehr komplex. Zwei Gesichtspunkte werden hier in den Mittelpunkt gestellt:

1. Es ist das Phänomen der Zeit, in der sich Leben und Gesundheit abspielen, und
2. die Natur und die Grenzen des menschlichen Gehirns.[68]

Jeder kennt das Gefühl, dass die Zeit immer schneller vergeht. Wer wünscht sich nicht eine Verfügungsgewalt über das Anhalten von Zeit, vor allem dann, wenn Arbeit ansteht, die in einer festgelegten Zeit zu bewältigen ist und der Verzug droht. Unermüdlich hetzen wir der Zeit hinterher, weil diese uns glaubhaft zerfließt, nur, um alles zu schaffen und um perfekt zu sein.

Der Gedanke der Zeitbeschleunigung ist tief mit der der allgemeinen Lebenswahrnehmung verbunden. Diese Wahrnehmung greift nicht nur in die Lebenszeit, die wir als Lebensarbeitszeit kennen. Sie wird auch, wenn auch aus anderen Gründen, in der Zeit des Rentner*innen-Daseins wahrgenommen. Das Gefühl der schnellen Zeit ist überall präsent.

Mit der so genannten Zeitbeschleunigung stellt sich die Frage nach deren Begründbarkeit. Wer oder was ist der Produzent, der das Produkt Zeitbeschleunigung hervorbringt?

Eine Antwort auf diese Frage führt uns zur Natur des Menschen und zum menschlichen Gehirn. Ist Zeitbeschleunigung ein vom Menschen unabhängig existierendes Naturphänomen oder ist sie ein

---

[68] Beim Weiterlesen wird sehr schnell eine gewisse Redundanz zum ersten Teil des Epilogs ersichtlich. Ich habe mich ungeachtet dessen dafür entschieden, den sich wiederholenden Teil über die Biologie desn Menschen, der Gehirn- und Technikentwicklung nicht herauszunehmen, weil er noch einmal in besonderer Weise im Kontext zum *erschöpften ICH* gestellt wurde.

Produkt menschlicher Technikentwicklung?

Wir sollten uns von dem Irrglauben trennen, dass der Mensch in der Lage sei, sich *permanent* mit der Beschleunigung des technischen Fortschritts an diese anpassen zu können.

Die **Biologie des Menschen** und mit ihm das Gehirn haben sich in den letzten 40.000 Jahren nicht grundlegend verändert. Körper und Psyche des Cro-Magnon-Menschen sind das Produkt einer über Millionen Jahre während Evolution im Wechselspiel zwischen Mensch und Umwelt.

Der Cro-Magnon-Mensch war zum einen für ein zu jener Zeit einfaches, naturzeitgebundenes Leben gemacht und folglich gut angepasst. Zum anderen war er darüber hinaus mit einem geistig-kognitiven und kreativen Potenzial ausgestattet, das ihm die Möglichkeit verschaffte, *Technik als zweite Natur* des Menschen zu schaffen.

Die menschliche Fähigkeit, Werkzeuge zu schaffen, die in der Qualität über das natürliche Kompetenzmaß geistiger und kognitiver Leistungsfähigkeit hinausgehen, bringt den Menschen in eine Situation, sich selbst zu überfordern. Es gibt Techniken von hoher Komplexität, zu denen Industrieanlagen, Atomkraftwerke und Industrie 4.0 gehören, die das Ergebnis menschlicher Leistungsfähigkeit sind. Der technische Fortschritt reicht heute bis an die Entwicklung der KI heran.

Angesichts bisheriger Technik-Katastrophen baut sich immer mehr der Gegensatz zwischen menschlicher Technikentwicklung und deren Beherrschung auf. Es wird Techniken geben, die die Grenzen des menschlichen Vermögens der Technikbeherrschung offenbaren und sich gegen den Menschen wenden. Die Erfahrungen aus Tschernobyl 1986 und Fukushima 2011 haben die destruktive

Wirkungs- und Herrschaftskraft von Technik deutlich gemacht.

Das kann noch übertroffen werden, wenn die vom Menschen geschaffene KI den Menschen in ihren Herrschaftsbann zieht. Das Paradoxon ist, dass der Mensch diese Technik erfinden kann und aufgrund der gewachsene Komplexität und Kompliziertheit diese nicht mehr zu beherrschen weiß.

Der Mensch schafft Technik aufgrund seiner hohen Gehirnleistungsfähigkeit; doch ist sie kreiert und in Nutzung, vermag der Mensch sie nicht mehr allseitg in den Griff zu bekommen.

Die Kapitalisierung von jener Technik verschafft der Technikentwicklung zwar einen zusätzlichen Entwicklungsschub, verbirgt aber auch ein hohes Risiko menschenunfreundlicher Nutzung und Kontrolle.

All das erinnert mich an Goethes Zauberlehrling, der den Besen nicht mehr zu beherrschen wusste:

Wehe! wehe! Beide Teile
Stehn in Eile
Schon als Knechte
Völlig fertig in die Höhe!
Helft mir, ach! ihr hohen Mächte!

Und sie laufen! Nass und nässer
Wird's im Saal und auf den Stufen.
Welch entsetzliches Gewässer!
Herr und Meister! hör mich rufen! –
Ach, da kommt der Meister!
Herr, die Not ist groß!

Die ich rief, die Geister
Werd ich nun nicht los.
«In die Ecke, Besen! Besen!
Seid's gewesen.
Denn als Geister
Ruft euch nur, zu diesem Zwecke
Erst hervor der alte Meister.

Gibt es hierfür einen Lösungsansatz? Solange das Kapital über die Technikentwicklung mitregiert, ist es schwierig. Dennoch gibt es Versuche, Zeit besser zu beherrschen.

Seit Jahren hat der *Begriff der Entschleunigung* in unserem Denken und Handeln Einzug gehalten, um mit ihm der so genannten Zeitbeschleunigung entgegenzuwirken. Wer über Beschleunigung spricht, kann nicht meinen, dass die Zeit schneller wird, sondern *nur sein Verhalten, sein Tätigkeitsvolumen in einer vom Menschen fixierten Zeiteinheit.* Wer auf Entschleunigung setzt, sollte wissen, dass Zeit sich nicht verlangsamen lässt.

Bereits oben wurde auf *drei Normative* im Umgang mit Zeit verwiesen.[69] Im Allgemeinen sind in unserem Alltag Zeit-Entschleunigung präsent, auf deren Grundlage wir unser praktisches Leben gestalten: Mache in der dir gegebenen Lebenszeit alles gut und richtig! Mache, wenn du kannst, *weniger* in der dir verfügbaren Zeit! Diese Lebensnormative unkommentiert laden wie oben gezeigt zum kritischen Diskurs ein und bedürfen einer Entgegenstellung.[70]

Alle bisherigen Überlegungen über Zeit-Entschleunigung führt uns zur Kerneigenschaft unseres Lebens: zur Gesundheit. Leben,

---

[69] Sh. Epilog, S. 138 f.
[70] A. a. O., S. 139 ff.

Altern und (Lebens)Zeit haben eine gemeinsame Klammer: die Gesundheit.

Wir setzen Grenzen im Umgang mit und in der Menge von Dingen des Lebens, im Umgang mit der Zeit, indem wir Zeit über unsere Einstellung zur Gesundheit und unser Verhalten dahingehend verändern. Angesichts des heutigen Lebens, Alterns und Zeitregimes wird es zu einer immer mehr und wichtigen Lebensaufgabe, auf das körperliche, soziale und geistig-emotionale Wohlbefinden zu achten. Gesundheit als *die* Wesenseigenschaft heutigen, praktischen Lebens ist der Schlüssel für Mensch und Gesellschaft.[71]

Der Wert des Lebens und gesellschaftlicher Entwicklung ist in hohem Maße durch Globalisierung und Digitalisierung bestimmt. Sie werden ergänzt und übertroffen werden durch (Welt-) Gesundheit und Klima- und Naturschutz. Letztere etablieren sich in nächster Zukunft immer mehr als wechselwirkendes, wertebestimmtes Paar gesellschaftlichen Lebens.

Diese Entwicklung kennt keine Zeit. Sie braucht auch keine Zeit, weil sie sich in den Werten und den vier Säulen unserer Lebenswirklichkeit auflösen. Jegliche Zeitbetrachtung führt uns zu einer Zeitmanifestation, die uns vom Wesentlichen und Dringlichen wegführt.

---

[71] Die schon seit zwei Jahren anhaltende Corona-Pandemie ist ein natürliches Lehrstück an die menschliche Gesellschaft, Weltgesundheit über die bisher nur beachtete Globalisierung und Digitalisierung zu stellen. Die Qualität der Weltgesundheit, gepaart mit dem Weltklima- und Naturschutz, wird die Zukunft des gesellschaftlichen Lebens bestimmten. Das schließt auch das Altwerden des Menschen mit ein.
Sobald der Focus über die Weltgesundheit mehr und mehr auf den Klima- und Naturschutz fällt, wird der Mensch begreifen (müssen), dass die Qualität der Gesundheit der Menschen durch die Qualität Klima, Natur und Umwelt bestimmt wird.

Das Essay über Zeit, Leben und Altern möchte ich abschließen mit einem Text aus I Ging

„Nach einer Zeit des Zerfalls kommt die Wendezeit.
Das starke Licht, das zuvor vertrieben war, tritt wieder ein.
Es gibt Bewegung. Diese Bewegung ist nicht erzwungen ...
Es ist eine natürliche Bewegung, die sich von selbst ergibt.
Darum ist die Umgestaltung des Alten auch ganz leicht.
Altes wird abgeschafft, Neues wird eingeführt,
beides entspricht der Zeit und bringt daher keinen Schaden. "

Zitiert aus:

Fritjof Capra

WENDEZEIT

Bausteine für ein neues Weltbild
Der Aufbruch zu einem Neuen Bewusstsein in
Wissenschaft und Gesellschaft

Scherz Verlag 19. Auflage 1990
Einleitung, S. VII

LITERATUR und Empfehlungen

Dahlke, Rüdiger: Das Alter als Geschenk. Über die Kunst, in einer verrückten Welt den Verstand zu bewahren, Verlag Arkana, München 2018

Hesse, Hermann: Mit der Reife wird man immer jünger, Betrachtungen und Gedichte, Hrsg. Volker Michels, Insel Verlag, Taschenbuch, Frankfurt a. M. u. Leipzig 1990

Höffe, Otfried: Die hohe Kunst des Alters. Kleine Philosophie des guten Lebens, C. H. Beck, München 2018

Rentsch, Thomas, Vollmann, Moris (Hrsg.): Gutes Leben im Alter. Die philosophischen Grundlagen, Reclam, Stuttgart 2017

Rosa, Hartmut: Resonanz. Eine Soziologie der Weltbeziehung, Suhrkamp Verlag, Berlin 2016

Safranski, Rüdiger: Zeit. Was sie mit uns macht und was wir aus ihr machen, Carl Hanser Verlag, Hamburg 2015

Schmid, Wilhelm: Gelassenheit. Was wir gewinnen, wenn wir älter werden. Insel Verlag, Berlin 2015

Seneca, jr.: Von der Kürze des Lebens. In: Glück und Schicksal. Philosophische Betrachtungen, Reclam Universalbibliothek Nr. 11105, Reclam, Stuttgart 2017

Stöhr, Hans-Jürgen: Scheitern im Grenzgang. Wie das Scheitern hilft, das Leben besser zu verstehen, Romeon Verlag, Kaarst 2017

Stöhr, Hans-Jürgen: Alles Wirkliche ist Begegnung. Verstehen – Gestalten – Sinn geben. Eine philosophisch-psychologische Reise in die Welt der Begegnungen, BoD Verlag, Norderstedt 2019

Stöhr, Hans-Jürgen: Alt wie ein Baum. Wenn das Altern uns zum Leben erweckt, BoD Verlag, Norderstedt 2021

Wahl, Hans-Werner: Die neue Psychologie des Alterns. Überraschende Erkenntnisse über unsere längste Lebensphase, Kösel Verlag, München 2017

ÜBER DEN AUTOR

 Hans-Jürgen Stöhr, Jg. 1949, in Parchim bei Schwerin geboren, ist seit 2012 Inhaber der Rostocker Philosophischen Praxis. Von ihr aus geht die Initiative, das Philosophieren aus dem Hörsaal der Universität auf die Straße zu tragen und für jene interessant zu machen, die Lust und Freude an dieser Denkkunst verspüren. Hierfür werden von der Philosophischen Praxis verschiedene Formate angeboten. Dazu gehören die klassische Beratung und Lebensbegleitung Einzelner als auch Veranstaltungen wie das Philosophische Café und der Philosophische Salon, die auf ein öffentliches, bürgernahes Philosophieren ausgerichtet sind.

Nach mehrjährigem, regulärem Philosophie- und Forschungsstudium, in Kombination mit Biologie, an der Humboldt-Universität zu Berlin führte sein Weg 1975 an die Rostocker Universität, an der er in Lehre und Forschung bis 1991 tätig war. H.-Jürgen Stöhr leitete die Forschungsgruppe „Philosophie – Naturwissenschaften" sowie in Nachfolge von Prof. Dr. Heinrich Vogel (1933–1978) den von ihm 1964 gegründeten universitären Arbeitskreis „Philosophie und Wissenschaften", in denen im Schwerpunkt erkenntnistheoretisch-methodologische Fragen der Wissenschaften bearbeitet und diskutiert wurden. (vgl. Klaus Ehlers und Hans-Jürgen Stöhr: Rostocker Philosophische Manuskripte. Ein Dialog zwischen Philosophie und Einzelwissenschaft, in: Ausgänge. Zur DDR-Philosophie in der 70er und 80er Jahren, hrsg. von Hans-Christoph Rauh und Hans-Martin Gerlach, Ch. Links Verlag, Berlin 2009, S. 400 ff.)

Seine freiberufliche Tätigkeit begann 1993 am von ihm gegründeten Institut für ökosoziales Management. Bildung, Beratung und Projektentwicklung in den Bereichen Gesundheit, Soziales und Umwelt waren neben der Geschäftsführung die zu leistenden Kernaufgaben.

Während der universitären Tätigkeit erschienen diverse Publikationen. H.-Jürgen Stöhr stand ab 1980 in inhaltlicher und redaktioneller Verantwortung für die Reihe „Rostocker Philosophische Manuskripte", die zur Zeit der „Wende" 1991 mit den Heften 30 und 31 über Komplexität in Philosophie und Wissenschaften ein jähes Ende fand.

Diesem hier vorliegenden Buch sind zwei weitere vorausgegangen, die dem Thema der Beziehung zwischen Scheitern und Erfolg und der philosophischen Annäherung des Verständnisses von Begegnungen in der Lebenswirklichkeit gewidmet sind.

Im Rahmen der konzeptionellen Vorbereitung und Umsetzung der 3. Rostocker Philosophischen Tage unter dem Titel „Alt werden – Jung bleiben! · Was ist uns das Altern wert?" wandte sich der Autor den Fragen des Lebens, der Gesundheit und des Alterns zu.

Rostocker Philosophische Praxis

Parkstr. 10 · 18057 Rostock

www.gescheit-es.de